MEMOIRE

SUR L'ETAT DE L'EMPIRE FRANÇOIS

Lorsque les Normands y firent des incursions.

Par M. BONAMY.

JE me suis engagé, Messieurs, à vous donner la description du Siége que les Normands mirent en 886. devant Paris, mais j'ai cru qu'il ne seroit pas inutile de vous entretenir auparavant des incursions qu'ils firent dans la Neustrie en remontant la Seine, & de vous exposer d'abord quel étoit l'état de l'Empire François, lorsque ces Barbares y répandirent de tous côtés la terreur & l'épouvante. 9. Décembre 1740.

Il suffit d'avoir quelqu'idée de la splendeur du regne de Charlemagne, splendeur qui se soûtint encore sous celui de Louis le Débonnaire, pour être étonné de la facilité avec laquelle les Normands entrérent dans la France & dans la Germanie, & y portérent le fer & le feu : c'est en effet un événement qui a étonné ceux même qui vivoient en ce tems-là.

Paschase Ratbert Moine de l'Abbaye de Corbie, dont les écrits & le mérite feroient encore honneur à notre siécle, travailloit alors à un Commentaire sur les Lamentations de Jérémie, & il ne put s'empêcher d'interrompre son ouvrage pour déplorer la misére du royaume, lorsqu'il en fut à ces deux versets où le Prophete parle de la destruction de Jérusalem :

Non crediderunt Reges terræ, & universi habitatores orbis, quoniam ingrederetur hostis & inimicus per portas Jerusalem. Cap. 4. vers. 12. & 13.

Propter peccata Prophetarum ejus, & iniquitates Sacerdotum ejus, qui effuderunt in medio ejus sanguinem justorum.

« Qui auroit cru, dit Ratbert sur cet endroit, ou plûtôt qui auroit jamais pu s'imaginer ce que nous avons vû arriver « Bibl. PP. t. 14. p. 817. edit. Lugd.

» sous nos yeux, & ce qui fait le sujet de nos gémissemens » & de nos larmes, qu'une troupe de Pirates, composée d'hom- » mes ramassez au hazard, fût venue jusqu'à Paris & eût brûlé » les Eglises & les Monasteres situez sur les bords de la Seine? » Qui eût pu penser que des voleurs auroient l'audace d'entre- » prendre de pareilles choses? qu'un royaume si célébre, si for- » tifié, si étendu & si peuplé, eût été destiné à être humilié » & deshonoré par les ravages de ces Barbares? Non seulement » personne ne se seroit attendu il y a quelques années, à les » voir remporter de nos provinces d'immenses sommes d'ar- » gent, les piller & en emmener captifs les habitans, mais on » n'auroit pu même soupçonner qu'ils eussent osé mettre le » pied dans l'intérieur du royaume. Non certes, aucun des Rois » de la terre, ni aucun de ses habitans n'auroit pu se persuader » que ces ennemis fussent entrez même dans notre ville de » Paris : aussi quoique nos maux me dispensent de m'étendre » sur ce passage du Prophéte, auquel ils servent d'explication, » je ne puis m'empêcher de verser des larmes, parce que, comme » le verset suivant l'insinue, tous nos malheurs ne sont venus » qu'à cause des péchés des Prêtres & des Princes, c'est là la » source des calamités qui nous environnent. Il y a long-tems » que la justice est bannie des jugemens, & que la discorde » parmi les citoyens d'un même Empire, fait répandre le sang: » on ne voit par-tout que fraudes & que tromperies; l'épée » des Barbares est tirée du fourreau, & c'est Dieu qui l'a mise » entre leurs mains pour nous punir. Cependant, misérables » que nous sommes, non seulement nous vivons dans l'indo- » lence, mais au milieu des cruautés qu'exercent les Barbares, » au milieu des pillages & des séditions qu'occasionnent les » guerres civiles excitées par des citoyens sans humanité, nous nous portons encore tous les jours à de plus grands crimes. »

Chron. de gestis Normannorum. Du Chesne, to. 2. pag. 524.

C'est ainsi que parloit Paschase Ratbert lorsque les Normands, après être entrez pour la seconde fois dans la Seine, & en avoir ravagé tous les bords, vinrent en 845. jusqu'à Paris, où ils ne causérent cependant aucun désordre, parce que Charles le Chauve les engagea à se retirer, en leur donnant

donnant une grande somme d'argent, comme je le dirai dans la suite.

Le P. Mabillon croit que Ratbert parle ici de l'incursion de l'an 857. où ils brûlérent & pillérent la ville de Paris; mais outre que cet Auteur ne parle simplement que de l'entrée des Normands dans cette ville, sans faire mention de l'incendie de ses bâtimens, il me semble qu'il s'exprime d'une maniére qui fait voir que ces premiers ravages n'avoient pas duré long-tems, & qu'ils n'étoient qu'un prélude de ceux qu'on en avoit encore à craindre. *Quod transcurso tempore omnes accidisse conspeximus . . . pertimuimus, unde & adhuc hodiè non minùs pertimescimus.* Ce qui convient à l'expédition de l'an 845. qui en comparaison des autres, ne fut, pour ainsi dire, qu'une incursion passagére, au lieu que celle de 857. fut précédée & suivie pendant près de dix années de ravages & de cruautés si inouïes, que Ratbert se seroit exprimé dans des termes plus forts, & qu'il n'auroit pas dit sur-tout qu'il craignoit encore de semblables ravages, *unde & adhuc hodiè non minùs pertimescimus*, puisque ceux qui suivirent l'incursion de l'an 857. étoient à peine finis lorsque Ratbert mourut vers l'an 864. mais c'est ce que l'on verra mieux par la suite des événemens que je rapporterai.

Sæcul. IV. Benedictin. part. 1. pag. 128.

Biblioth. PP. to. 14. p. 128.

Il y avoit long-tems que les Peuples du Nord avoient tenté de faire des descentes sur les côtes du royaume. Nous apprenons de Grégoire de Tours, que les Danois sous la conduite de leur Roy Chlochilaïc, ayant attaqué un canton des Etats de Thierry I. fils du grand Clovis, & en ayant emmené captifs les habitans après avoir pillé le pays, Théodebert fils de Thierry marcha contre eux avant qu'ils eussent regagné leurs bâtimens, les passa tous au fil de l'épée avec leur Roy, & recouvra tout le butin qu'ils avoient fait. Mais il n'en est plus parlé dans nos Historiens jusqu'au regne de Charlemagne*; ce fut alors que les Normands commencérent ces courses qui les rendirent si redoutables, & ce

Gregor. Turon. Hist. l. 3. c. 3.

* On trouve dans le 11.e siécle des Actes des Saints de l'Ordre de S.t Benoît, cette note du P. Mabillon sur la vie de S.t Faron, page 624. *Apud*

Eginhard. tom. 2. pag. 100. du Chesne, Aymoin. Continuat. cap. 7. lib. 5. & lib. 4. cap. 90. Vita Caroli Magni, du Chesne, tom. 2. p. 59. Id. lib. 4. cap. 108. Monach. Engolism. tom. 2. p. 85. du Chesne, Aymoin. Contin. lib. 4. c. 108. Chron. de gestis Normannor. du Chesne, tom. 2. pag. 524.

Prince fut obligé de tenir des flottes le long des côtes & à l'embouchûre des riviéres pour empêcher leurs descentes. Malgré les soins continuels & le génie actif de Charlemagne qui veilloit à tout, ces Barbares ne laissérent pas de piller & de brûler quelques lieux en Aquitaine, & de ravager sous la conduite de leur Roy Godefroy les Isles situées sur les côtes de la Frise; ils battirent les Frisons, & les obligérent de leur payer en 810. cent livres d'argent par forme de tribut: ils essayérent aussi d'entrer dans la Neustrie par la Seine, mais ils en furent repoussez.

Il n'étoit pas difficile à l'esprit pénétrant de Charlemagne, de prévoir les maux que causeroient ces Barbares inquiets & indomptables, sous un gouvernement aussi foible que devoit l'être celui de Louis le Débonnaire son fils. Cette idée des maux qui devoient désoler ses Etats, lui fit répandre des larmes un jour qu'il étoit dans un port de la Gaule Narbonnoise, d'où il vit des vaisseaux Normands qui étoient venus jusque dans la Méditerranée.

Monach. S. Galli, tom. 2. du Chesne, p. 130.

Ils pillérent en effet à plusieurs reprises les côtes de la Frise, de la Flandre & de l'Aquitaine, & brûlérent les villes de Dorestad & d'Anvers; mais on ne voit pas que sous le regne de Louis le Débonnaire, ils ayent pensé à pénétrer plus avant dans l'intérieur du royaume par la Seine, la Loire & la Garonne, soit que les embouchûres de ces fleuves fussent alors mieux gardées qu'elles ne le furent dans la suite, soit que les dissentions qui regnérent chez eux leur donnassent trop d'occupation pour leur laisser le tems de troubler le repos des autres. On peut encore ajoûter à ces raisons l'attention que Louis le Débonnaire eut à entretenir la paix avec eux, & l'accueil favorable qu'il leur faisoit lorsqu'ils le venoient visiter; car ce Prince les y invitoit souvent pour avoir lieu d'en attirer quelques-uns à la Religion Chrétienne,

Annal. Fuld. ad ann. 835. & 836.

Monachum Sangallensem in lib. 2. cap. 22. Nortmanni exploratores tempore Caroli Martelli in Galliam appulisse .... feruntur. Mais il n'est point question de Charles Martel en cet endroit; le Moine de Saint-Gal dit seulement que les Normands appelloient Charlemagne *Carolus Martellus.*

& de les engager à ſe faire baptiſer; & comme ces nouveaux Chrétiens ne s'en retournoient pas dans leur pays ſans être chargez de préſens que leur faiſoient non ſeulement l'Empereur, mais encore les grands Seigneurs François à ſon imitation, ils venoient en foule tous les ans à la fête de Pâques recevoir le baptême. Ce que raconte à ce ſujet le Moine de Saint-Gal, nous fait voir quels Chrétiens étoient ces Normands; car il dit qu'un jour étant venus en ſi grand nombre qu'il ne ſe trouva pas aſſez d'habits blancs pour revêtir les nouveaux baptiſez ſelon l'uſage de ce tems-là, on fut obligé d'en faire un à la hâte, & d'aſſez mauvaiſe grace, qu'on donna à un Seigneur Normand: celui-ci l'ayant conſidéré, dit tout en colére que c'étoit pour la vingtiéme fois qu'il venoit ſe faire baptiſer, & qu'on ne lui avoit jamais donné un ſi mauvais habit, qui convenoit mieux à un bouvier qu'à un homme de guerre; il ajoûta à cela des blaſphêmes qui ne faiſoient pas moins connoître ſa férocité que le peu de ſoin que l'on prenoit de l'inſtruction de ces Néophytes. Auſſi nos Hiſtoriens ont-ils remarqué que tous ces Normands que les Seigneurs François ſe firent honneur de faire baptiſer ſous les regnes ſuivans, n'en devenoient pas meilleurs, & n'en étoient pas moins barbares.

Du Chesne, to. 2. pag. 134.

Les tems de troubles qui ſuivirent immédiatement la mort de Louis le Débonnaire, ne leur donnérent que trop d'occaſions d'exercer leur barbarie. La puiſſance des François, ſi redoutable à tous leurs voiſins, s'éteignit avec ce Prince; l'Empire diviſé en pluſieurs portions après ſa mort, ne compoſa plus un tout qui eût les mêmes intérêts: les diſſentions qu'occaſionna le partage de Charles le Chauve, continuérent long-tems, & les fils de Louis le Débonnaire oubliant la gloire du nom François, ne ſongérent qu'à ſe détruire mutuellement.

Les gens les plus ſages de ces tems-là avoient prévû combien le démembrement des Etats de la Monarchie alloit cauſer de troubles, & ils s'y étoient oppoſez de tout leur pouvoir, mais les intrigues de l'Impératrice Judith furent plus fortes que toutes leurs repréſentations.

Lothaire fils aîné de Louis le Débonnaire, avoit été aſſocié à l'Empire en 817. & Thégan dit que ſon pere le déſigna pour être après ſa mort l'héritier de tous ſes royaumes, de la maniére qu'il les avoit lui-même reçus de Dieu par les mains de ſon pere Charlemagne[a]. En effet, quoique Louis le Débonnaire eût donné en même-tems avec le titre de Roy, l'Aquitaine à Pepin & la Baviére à Louis ſes deux autres fils, les Lettres que l'Empereur fit [b] expédier en cette occaſion, pour annoncer à tout l'Empire François la diviſion des Etats de la Monarchie, nous apprennent que ces deux Princes devoient être ſous la dépendance de leur frere aîné; ils étoient à la vérité les maîtres de donner dans leurs Etats les honneurs & les dignités à ceux qu'ils en jugeroient dignes, mais il étoit ordonné que lorſqu'il ſurviendroit des affaires qui intéreſſeroient tout le corps de la Nation, les Princes Pepin & Louis ne pourroient rien entreprendre ſans le conſentement de

Du Cheſne, to. 2. pag. 280. Voyez auſſi Nithard, ibid. pag. 360.

[a] *Imperator denominavit filium ſuum Lotharium, ut poſt obitum ſuum omnia regna quæ ei tradidit Deus per manus patris ſui, ſuſciperet, atque haberet nomen & Imperium patris.*

[b] Ces Lettres que M. Baluze a données le premier au public, ſe trouvent dans le 1.er vol. des Capitulaires, col. 573. & ſont intitulées, *Charta diviſionis Imperii inter Lotharium, Pipinum & Ludovicum filios Ludovici pii Imperatoris.* Elles ſont datées du mois de Juillet de l'an 817. & de la quatriéme année de l'Empire de Louis le Débonnaire. Ce Prince dit dans le préambule, *placuit & nobis & omni populo noſtro more ſolemni Imperiali diademate coronatum* (Lotharium) *nobis & conſortem & ſucceſſorem Imperii, ſi Dominus voluerit, communi voto conſtitui. Cæteros verò fratres ejus, Pipinum videlicet & Ludovicum æquivocum noſtrum, communi conſilio placuit regiis inſigniri nominibus, & loca inferiùs denominata conſtituere, in quibus poſt deceſſum noſtrum ſub ſeniore fratre regali poteſtate potiantur juxta inferiùs annotata capitula, quibus quam inter eos conſtituimus conditio continetur. Quæ capitula propter utilitatem Imperii, & perpetuam inter eos pacem conſervandam, & totius Eccleſiæ tutamen cum omnibus fidelibus noſtris conſiderare placuit, & conſiderata conſcribere, & conſcripta propriis manibus firmare, ut, Deo opem ferente, ſicut ab omnibus communi voto actum eſt, ita communi devotione à cunctis inviolabiliter conſerventur ad illorum & totius populi chriſtiani perpetuam pacem : ſalva in omnibus noſtra Imperiali poteſtate ſuper filios & populum noſtrum, cum omni ſubjectione quæ patri à filiis, & Imperatori ac Regi à ſuis populis exhibetur.* Après ce préambule ſuivent les articles concernant la diviſion de l'Empire, au nombre de dix-huit, dans leſquels on trouve ce qu'on a dit ci-deſſus de la dépendance des deux Princes Pepin & Louis à l'égard de Lothaire.

Lothaire; c'eſt pourquoi ils étoient obligez de le venir trouver avec des préſens une fois chaque année, pour recevoir ſes ordres & conférer avec lui du gouvernement : il leur étoit auſſi défendu de déclarer la guerre aux Nations étrangéres, d'en recevoir des Ambaſſadeurs & de leur faire réponſe; ils devoient, après les avoir traitez honorablement, les renvoyer à leur frere aîné : enfin, c'étoit à lui à décider du choix même de leurs épouſes, ſuppoſé que Louis le Débonnaire fût venu à mourir avant qu'ils fuſſent en âge d'être mariez.

Tout ce détail eſt confirmé par les Auteurs du tems, & en particulier par Ratbert dans ſon Apologie de l'Abbé Wala, & par la lettre d'Agobard Archevêque de Lyon : *Cæteris filiis veſtris deſignaſtis partes regni veſtri,* dit ce dernier en écrivant à l'Empereur, *ſed ut unum regnum eſſet, non tria, prætuliſtis eum* (Lotharium) *illis, quem participem nominis veſtri feciſtis.*

Sæcul. IV. Benedictin. part. 1. Du Cheſne, to. 2. pag. 329.

Louis le Débonnaire avoit regardé cette action comme une affaire de telle importance, qu'il avoit ordonné qu'on fiſt des aumônes, des jeûnes & des priéres pendant trois jours dans tout ſon Empire, avant que de ſe déterminer à choiſir Lothaire pour ſon ſucceſſeur. Les Evêques & les Grands aſſemblez pour cet effet à Aix-la-Chapelle, y donnérent leur conſentement avec joye, & regardérent cette déſignation de Lothaire comme la ſeule choſe qui pût affermir l'Empire François, & le maintenir dans ſa puiſſance, *ad ſtabilimentum regni, & robur regiminis.* Ils s'engagérent donc par les ſermens les plus ſolemnels à ſoûtenir cette élection, & le partage du royaume ſur le pied qu'il venoit d'être établi. On fit confirmer l'un & l'autre par le Pape, & les Romains reconnurent Lothaire en qualité d'Empereur, lorſqu'il alla à Rome en 823.

Epiſt. Agobard. ibid. Charta diviſionis Imperii, Capitul. Baluzii, col. 572. to. 1. Chron. Moiſſiac. ad annum 817. Du Cheſne, tom. 3. pag. 147. Epiſt. Agob. ibidem. Apolog. Walæ, ut ſupra.

Si, ſelon tous les Auteurs, ce réglement qui décidoit de la ſucceſſion de Louis le Débonnaire, cauſa de la joye à toute la Nation, il n'en fut pas de même des Princes Louis & Pepin, qui ne purent dans la ſuite s'empêcher d'en témoigner leur indignation; mais malgré leur mécontentement les affaires auroient ſans doute ſubſiſté dans cet état, ſi leur pere ne s'étoit pas remarié. Judith fille du Duc Welfe, qu'il épouſa en 819.

Thegan. du Cheſne, tom. 2. p. 280. Chron. Moiſſiacenſ. ut ſupra.

Idem, ibid.

ne se vit pas plûtôt mere de Charles le Chauve, qu'elle songea à lui faire laisser une part dans la Monarchie, ce qui ne se pouvoit faire sans renverser ce qui avoit été réglé à Aix-la-Chapelle, & sans retrancher quelques portions des provinces qui avoient été assignées aux enfans du premier lit. Le danger commun les réunit d'abord, ils avoient tout à craindre des entreprises d'une jeune femme adroite & ambitieuse, & de la complaisance d'un esprit aussi foible [a] que l'étoit celui de Louis le Débonnaire; ils appréhendérent que l'Impératrice encouragée par la réussite de ses premiéres tentatives, ne voulût enfin faire tomber toute la succession de leur pere [b] au jeune Prince Charles. Dans l'agitation où étoient les esprits, & dans la disposition des Grands à une prochaine révolte, Judith crut qu'il lui étoit nécessaire d'avoir un homme qui fût en état de l'aider de ses conseils & de s'opposer aux factions naissantes. Elle n'en trouva point de plus propre à remplir ses vûes, que Bernard Comte de Barcelone; elle persuada à son mari de le rappeller de la Marche d'Espagne, où il s'étoit assez mal comporté contre les Sarrasins, & de le revêtir de la charge de Grand-Chambrier, afin de l'avoir toûjours auprès d'elle. Cette élévation de Bernard, & le pouvoir souverain que lui communiqua l'Empereur *(secundum à se in Imperio præfecit)* bien loin d'éteindre la discorde, ne servirent qu'à l'allumer davantage [c].

Nithard, ibid. pag. 360.

Thegan. du Chesne, tom. 2. pag. 279.

Annal. Metens. du Chesne, to. 3. pag. 299.

Nithard, ibid. tom. 2. p. 360. Astronom. vita & actus Ludovici Pii. Du Chesne, to. 2. p. 306.

Ce Comte, homme d'un caractére hardi & entreprenant, se rendit redoutable à toute la Nation, par l'empire qu'il prit sur l'esprit de l'Impératrice, qui gouvernoit son mari comme elle vouloit. On reprochoit au Comte de n'avoir aucun égard pour les fils de l'Empereur, de mettre la désunion dans la

Astron. ut supra. Apologia Walæ, sæcul. IV. Benedictin. part. 1. pag. 496.

[a] *Consiliariis suis magis credidit quàm opus esset, quod ei fecit psalmodiæ occupatio, & lectionum assiduitas, & aliud quod non incipiebat : quia jamdudum illa pessima consuetudo erat ut ex vilissimis servis summi pontifices fierent, & hoc non prohibuit.* Ces gens ainsi élevez en dignité mettoient le trouble par-tout, selon Thégan.

[b] *Privigni ejus, atque aliqui ex Optimatibus eis conjuncti, odio habebant prædictam Imperatricem, atque suum parvulum filium, timentes ne in regno patris hæres succederet.*

[c] *Quæ res non seminarium discordiæ extinxit, sed potiùs augmentum creavit.*

famille Impériale, de traiter les Grands avec insolence, & de ne suivre dans l'exécution de ses desseins, aucune régleque sa volonté; enfin Paschase Ratbert l'accuse ouvertement d'avoir entretenu un commerce criminel avec l'Impératrice.

Quoi qu'il en soit du fondement de cette derniére accusation dont parlent les Auteurs de ce tems-là, mais non pas tous d'une maniére aussi affirmative que Ratbert, elle fut un des prétextes dont se servirent le Prince Pepin & les Grands qui prirent son parti dans la premiére révolte de l'an 830. Il falloit, disoient-ils, ouvrir les yeux à l'Empereur, qui par une espece d'enchantement *(quibusdam præstigiis elusum)* étoit le seul dans ses Etats qui ne voyoit ni les désordres qu'y causoit le Comte Bernard, ni son propre deshonneur. Ces mauvais bruits parvinrent cependant jusqu'aux oreilles de l'Empereur, & il ne voulut reprendre Judith, qu'il avoit été obligé d'éloigner de lui, qu'après qu'elle se fut purgée, selon les loix établies alors en pareil cas, du crime qu'on lui reprochoit, & le Comte Bernard fut obligé d'offrir de combattre quiconque oseroit soûtenir cette accusation; il fut absous, parce qu'il ne se trouva point de Champion qui voulût accepter le combat.

Astron. vita & actus Ludovici Pii.

Idem, ibidem.

Thegan, c. 38. du Chesne, to. 2.

Tel étoit le Comte Bernard, que les Auteurs de ce siécle-là ont regardé comme la cause des malheurs de l'Empire François & de sa destruction. Il faut avouer cependant que ses défauts étoient accompagnez d'un grand courage, & d'un génie plein de ressources qui lui fournit les moyens de se soûtenir au milieu de l'Empire conjuré contre lui, & de profiter des circonstances & des intérêts particuliers qui conduisoient les enfans de Louis le Débonnaire.

Il ne fut pas plûtôt à la Cour qu'il y fit connoître son esprit ambitieux, & qu'il voulut tout gouverner avec un despotisme absolu. Ceux qui n'avoient en vûe que l'intérêt public, furent privez de leurs charges *, & il n'y eut plus d'autre voye pour

* *Honores debitos qui habuerant, amittebant: qui nec dum indebitè qualescunque assequebantur optimi quique virorum, amplissimi & nobiles atque dignissimi jam autoritatem agendi amiserant: quia profectò nullus aliam tunc temporis habuit viam expeditiorem ad honores retinendos & acqui-*

parvenir aux dignités, que de suivre les volontés de l'Impératrice & du Comte Bernard; ce qui d'un côté leur attira la haine de ceux qui aimoient véritablement l'Etat, mais de l'autre leur concilia l'affection des Courtisans & de tous ceux qui ne pouvoient soûtenir leurs grandes dépenses que par les profusions de ceux qui étoient les dispensateurs des graces; car le luxe & la débauche étoient excessifs parmi les Grands, & sur-tout parmi les Clercs du Palais, qu'on appelloit alors Chapelains. C'étoient des especes d'amphibies qui n'étoient ni ecclésiastiques ni laïques, & dont tous les Auteurs [a] du tems nous font d'étranges portraits.

Apolog. Walæ, sæcul. IV. Benedict. part. I. pag. 496.

Odonis Abbat. Ferrar. Ep. 25. inter Epist. Lupi Ferrar. Smaragdus, vita S. Bened. sæcul. IV. Benedictin. part. I. p. 214. Apolog. Walæ, ibid. pag. 494.

L'Impératrice étoit trop habile pour ne pas sentir que c'étoit en vain qu'elle faisoit donner une portion de la Monarchie à son fils, si les choses subsistoient de la maniére qu'elles avoient été réglées dans l'Assemblée d'Aix-la-Chapelle, où l'on avoit accordé à Lothaire une supériorité sur ses freres, qui les mettoit dans une entiére dépendance à son égard. Elle fit donc ôter le nom de Lothaire de tous les actes où il avoit été mis jusqu'alors conjointement avec celui de son pere, afin de commencer par là à le mettre au même rang que ses freres; après quoi elle pensa à faire faire de nouveaux partages [b], & à rendre les Etats de ceux qui les posséderoient, indépendans les uns des autres, ce qui étoit détruire totalement les mesures si sagement prises pour conserver unis tous les royaumes qui

Epist. Agobard. du Chesne, to. 2. pag. 329.

rendos, seu ad ea quæ vellet, vel concupierat, quàm illa sequi quæ tunc Tyrannus Naso (Le Comte Bernard est ainsi appellé par Ratbert, qui le nomme encore *Amisarius* dans le même ouvrage) *mallet. Interea confregerat omnia ossa virtutum vis fæminea.*

[a] Voyez le Songe du Moine Wetin, mis en vers par Walafrid Strabon, *Ibid. pag. 279.* où il parle ainsi des Ecclésiastiques de la Cour de Louis le Débonnaire:

Lucra petunt terrena, quibus inhiantur, adhærent,
Atque palatinis percuntia præmia quærunt
Obsequiis, ornantque magis se veste polita
Quàm radiis vitæ, pomposis fercula mensis
Glorificare parant, animarum lucra relinquunt,
Deliciis ducti per scorta ruendo volutant.

[b] *Nithard. Du Chesne, tom. 2. pag. 360. & 361.* Voyez aussi à la page 327. la division des Etats, faite par Louis le Débonnaire, entre ses trois fils, Pepin, Louis & Charles.

composoient

composoient l'Empire François. Si ce trait de politique de l'Impératrice Judith lui servit à mettre davantage dans ses intérêts les Princes Louis & Pepin, toûjours jaloux de la supériorité de leur frere aîné, les sermens qu'on voulut exiger en conséquence des desseins qu'avoit conçus Judith, donnérent lieu à de nouveaux sujets de plainte de la part de Lothaire & de tous ceux qui prétendoient n'avoir en vûe que le bien public. Les murmures se firent alors entendre de tous côtés; on disoit qu'après les arrangemens que l'on avoit pris pour conserver unis les Etats qui composoient la Monarchie, & après les sermens prêtez si solemnellement par tout le corps de la Nation à Lothaire, comme au seul successeur de l'Empereur, il n'y avoit pas moyen de changer sans devenir parjures, & sans mettre dans l'Empire une discorde qui iroit à sa ruine totale; que le seul moyen de l'éviter, étoit que les sermens faits & la foy promise à Lothaire demeurassent en leur entier, puisque de là dépendoient la dignité & l'union de l'Empire, qui ne seroit plus en état de résister aux ennemis du dehors ni de pacifier les troubles domestiques, s'il étoit une fois divisé. Agobard Archevêque de Lyon se crut obligé d'écrire à ce sujet une lettre à Louis le Débonnaire, dans laquelle il lui rappelle avec tout le respect qu'un sujet doit à son Prince, la suite de l'affaire de l'élection de Lothaire, les ordres qu'il avoit donnez à tous les Grands de jurer qu'ils la maintiendroient, l'approbation du Souverain Pontife, la joye avec laquelle tout l'Empire s'étoit porté à suivre les volontés de l'Empereur en cette occasion, enfin les changemens qu'on avoit faits aux précédens réglemens, & il finit en disant: « Je ne puis cacher à Votre Excellence les plaintes qui « s'élevent par-tout au sujet de ces nouveaux sermens si différens « des premiers; on ne se contente pas d'en murmurer, la tristesse « s'empare des cœurs, & l'on décrie votre conduite *. »

Apolog. Walæ, sæcul. IV. Benedict. part. 1. p. 494.

Du Chesne, to. 2. pag. 329.

* *Quia superiùs de legitimo & opportuno juramento mentio facta est, videtur mihi non celandum Excellentiæ vestræ quòd multa murmuratio est nunc inter homines propter contraria & diversa juramenta, & non sola murmuratio, sed & tristitia & detractio adversùm vos.*

Les Grands profitérent de ces troubles pour demander une réforme dans le gouvernement, & l'Abbé Wala, l'ame des Conseils de Lothaire, qui avoit eu une grande part dans les affaires sous le regne de Charlemagne, déclama fortement contre les vices qui regnoient alors. Dès le commencement de ces divisions, il avoit présenté à Louis le Débonnaire un mémoire où sans nommer personne en particulier, il lui marquoit les désordres que l'on devoit corriger, & dans un discours qu'il prononça devant les Grands assemblez, il demanda qu'on établît des gouverneurs dont la probité & la justice fussent reconnues de tout le monde, qui détestassent l'avarice, & préférassent leur devoir à l'envie de faire leur cour aux dépens de leur conscience. Il n'épargna pas les Clercs du Palais, dont la cupidité & la vie déréglée étoient l'objet de ses censures continuelles, & il se plaignit en particulier des usages auxquels on employoit les biens destinez aux Eglises & aux pauvres, & de l'abus passé en coûtume de donner les Monastéres, même ceux de filles, à des gens de guerre. « Si, » disoit-il, l'Etat ne peut se soûtenir sans être aidé des biens » de l'Eglise, il faut les prendre d'une maniére qui, en même » tems qu'elle témoigne le respect que l'on a pour la Religion, » fasse voir aussi que c'est pour la défense de l'Etat que l'on » exige cette contribution, & que l'on ne regarde point les » biens Ecclésiastiques comme des biens que l'on a droit de » piller. * Que les Evêques donc & les Abbés, ajoûta-t-il, » contribuent aux dépenses de la guerre, & aux autres choses » nécessaires, mais d'une maniére raisonnable, & qu'on ne les » contraigne point sur-tout à se mêler des affaires du siécle, & à se livrer à ses pompes auxquelles ils ont renoncé. » Ce n'est pas à la louange des Ecclésiastiques de ce tems-là qu'on voit dans Ratbert, qu'ils parurent les moins disposez à concourir au bien public, & à profiter des remontrances de

Du Chesne, to. 2. pag. 346.

Apol. Walæ, ut supra, pag. 493. sæc. IV. Bened. part. 1.

* *Porro isti sancti Pontifices, si quid ad usus militiæ exhibendum est, sic exhibeant, & sic fiat rationabiliter in quibuslibet rebus, ne ipsi cogantur ad sæcularia transvolare, & pompis sæculi quibus abrenunciaverunt, irreligiosius deservire.*

l'Abbé Wala. Si elles firent quelqu'impression sur l'esprit de Louis le Débonnaire, ceux qui le gouvernoient, sçurent tourner les choses de façon que les réglemens qu'on fit, n'eurent aucun effet.

Comme l'Impératrice ne perdoit point de vûe son projet, les murmures continuérent, & furent suivis de la révolte de Lothaire contre son pere. On ne gardoit plus de mesures avec les Grands de la Nation dont le pouvoir étoit alors considérable, les avis des gens sages & amateurs du bien public, devinrent suspects à ceux qui gouvernoient, les différens partis engendrérent la jalousie & les reproches mutuels; enfin on ôta les dignités à ceux qui avoient le mieux servi l'État, & on les contraignit en quelque façon par là à devenir rébelles, & à contribuer à la ruine de l'Empire François. C'est ce que l'on apprend d'Adrevald * Moine de l'Abbaye de Fleury, témoin des suites de ces brouilleries. *Sæc. II. Bened. pag. 382.*

Sans vouloir faire ici l'apologie de la révolte de Lothaire contre son pere, ce qui seroit odieux, si l'on jugeoit des actions par l'événement, on seroit obligé de convenir que les partisans de ce jeune Prince avoient raison de s'opposer aux desseins de Judith, & de s'en tenir au réglement d'Aix-la-Chapelle; car quoi qu'il en soit de leurs intentions sécretes, il est certain que ce qu'ils disoient pour excuser leur révolte, étoit conforme à la bonne politique, & la suite n'a que trop fait voir que le seul moyen de maintenir alors la puissance des François, étoit d'en conserver les forces réunies.

Le regne de Charlemagne & celui de son successeur avoient convaincu par expérience, du besoin que la Monarchie avoit d'être gouvernée par un seul Chef suprême, qui pût par son autorité contenir en paix tant de royaumes dont

* *Pravorum hominum consiliis dum consultatio Reipublicæ in superbiam, dominatumque se transformavit, Primoribusque sibi invicem invidere & obloqui, quàm regni utilitati consulere placuit, cœpere Regibus boni quique suspectiores existere . . . atque imprimis Genti contraria sentire: quâ de re actum est, ut dum Imperator nobilitatem veteranorum deponendo insequitur, ac hi memores pristinæ virtutis defensare libertatem nituntur, defectionis ab Imperatore regnique magnum pararint exitium.*

les Grands étoient de mœurs, de génie & de caractére si différens. Si ce que disoient Wala & tous les partisans de Lothaire, étoit conforme à ce qu'ils pensoient, il n'y avoit rien dans les motifs de leur opposition au parti du Comte Bernard, qui ne convînt parfaitement à la dignité, à la grandeur du nom François, & à la tranquillité des peuples que nos Rois avoient soûmis. C'est ce que l'on peut voir dans l'apologie de l'Abbé Wala, où l'on trouve le dénouement des intrigues & des troubles qui agitérent le regne de Louis le Débonnaire, & dont les faits ne sont rapportez que d'une maniére décharnée dans les Annalistes de ce tems-là [a].

On seroit peut-être tenté de croire que la passion de Ratbert pour son Héros, l'a porté à lui prêter des sentimens si nobles, dans la vûe de rabaisser le Comte Bernard, dont il ne parle que comme d'un monstre; mais on ne peut s'empêcher de rendre justice au mérite de Wala & à son désintéressement, si l'on fait attention à l'esprit pacifique qu'il apporta dans toutes les occasions qui se présentérent de réunir les différens partis. Nithard tout attaché qu'il étoit à Charles le Chauve, reconnoît dans un ouvrage dédié à ce Prince & fait par ses ordres, que le Comte Bernard seul par l'abus de son pouvoir avoit perdu l'Etat [b], & rien n'est plus propre à faire voir quelle idée l'on avoit de Wala & de ceux de son parti, que le témoignage avantageux que leur rend l'Auteur

De dissentionib. filiorum Ludovici Pii, Histor. du Chesne, t. 2. pp. 360. & 366.

Sæc. IV. Bened. part. 1. pp. 503. & 504.

[a] *Omnia quippe bona servare voluit,* dit Ratbert en parlant de l'Abbé Wala, ce qu'il faut entendre aussi des discours que tenoient les partisans de Lothaire, *& mala dejicere & protere, quatenùs tutam & tranquillam secundùm Deum vitam omnes viverent; electioque solemniter facta fuerat in filio à patre & ab omnibus, & consecratio Imperialis apostolicæ sedis autoritate firmata, inconcussa maneret, ob pacis concordiam, ob Monarchiæ firmitatem, & principatûs laudem ... voluit sui consilii vigilantiâ providere tam gloriosum regnum & Christianissimum ne divideretur in partes, quoniam juxtà Salvatoris vocem,* omne regnum in seipsum divisum, desolabitur, *quod hodiè omnes factum satis dolemus, momentis singulis & plangimus, voluit juramenta, ut diximus, quæ facta fuerant Honorio,* (c'est le nom que Ratbert donne à Lothaire) *& fides promissa integra servaretur, ne tantis populus universus fuscaretur perjuriis, voluit ut unitas & dignitas totius Imperii maneret ob defensionem patriæ.*

[b] *Qui dùm inconsultè Republicâ abuteretur, quam solidare debuit, penitùs evertit.*

connu ſous le nom d'Aſtronome, qui vivoit dans le même tems, & qui étoit très-oppoſé au parti de Lothaire.

Wala mourut en 835. dans le tems qu'il venoit de ſe réconcilier avec Louis le Débonnaire, & qu'il ſe diſpoſoit à aller trouver Lothaire, afin de l'engager à revenir à la Cour où l'Impératrice deſiroit ſa préſence, parce qu'elle eſpéroit que les conſeils de Wala le détermineroient à ſe déclarer le protecteur & le défenſeur du jeune Prince Charles. Peu de jours après, la mort enleva auſſi Jeſſé Evêque d'Amiens, Hélie Evêque de Troyes, les Comtes Matfroy, Hugues, Lambert, Godefroy, Albert & autres, tous partiſans de Lothaire: c'eſt à cette occaſion que l'Auteur que je viens de citer, dit qu'il ſembloit * que la France, par leur mort, eût été dépouillée de ſa nobleſſe & de ſa grandeur, privée de ſa force, & que ſa prudence & ſa ſageſſe euſſent été anéanties avec eux. *Du Cheſne, to. 2. pag. 314.*

L'Impératrice Judith délivrée de ces terribles adverſaires dont le crédit étoit ſi conſidérable dans leur parti, s'appliqua à entretenir la diviſion que la jalouſie avoit déja miſe entre les fils de Louis le Débonnaire, en faiſant eſpérer à chacun d'eux, ſelon le beſoin qu'elle en avoit, une augmentation de partage, ou d'autres avantages qui étoient toûjours contraires aux intérêts de l'un des trois; & le Prince Pepin étant mort, elle perſuada à ſon mari de mettre encore ſon fils Charles le Chauve en poſſeſſion de ſon royaume d'Aquitaine, ce qui excita Louis de Baviére à prétendre auſſi une augmentation de partage au delà du Rhin; mais comme l'Impératrice avoit alors attiré dans ſon parti le jeune Empereur Lothaire, Louis le Débonnaire n'eut pas de peine à faire rentrer ce fils rébelle dans ſon devoir. Enfin Judith régla les affaires de la maniére que tout le monde ſçait, en ſorte qu'à la mort de Louis le Débonnaire, arrivée en 840. l'intérêt commun réunit les Rois Charles le Chauve & Louis de Baviére contre l'Empereur Lothaire qui prétendoit, ſelon

Nithard, du Cheſne, tom. 2. pp. 360. 361. & ſeqq.

Aſtronom. du Cheſne, tom. 2. pp. 516. & 517.

Nith. ut ſupra, pag. 362.

* *Hi enim erant quorum deceſſu dicebatur Francia nobilitate orbata, fortitudine quaſi nervis ſuccisis evirata, prudentiâ his obeuntibus annulata.*

Hincmar, faire valoir contre eux ses droits de supériorité*, & les dépouiller même de leurs Etats; mais les deux freres sçurent bien secouer le joug de la dépendance dont il ne fut plus question après le gain de la bataille de Fontenay, si funeste à tout l'Empire François, & qui acheva d'en ruiner les forces.

La Nation Françoise n'a paru qu'avec trop d'éclat dans l'Univers, disoit le célébre Flore Diacre de l'Eglise de Lyon, à l'occasion du démembrement de la Monarchie, la réputation de ses grandes actions s'est étendue jusqu'aux contrées les plus éloignées; les peuples étrangers, Grecs & Barbares, lui envoyoient des Ambassadeurs, l'Italie s'est soûmise à sa domination, & Rome même, cette mere des royaumes, a reconnu son pouvoir:

Huic etenim cessit tandem gens Romula genti,
Regnorumque simul mater Roma inclyta cessit.

O! heureux royaume, ajoûte-t-il, s'il avoit sçu connoître ses avantages, mais il est maintenant déchû de sa grandeur, il est foulé aux pieds & privé du diadême, son nom & sa gloire sont tombez en même tems que sa puissance; ce royaume si uni a péri par la division que l'on en a faite entre trois Princes. Il n'y a plus de Chef, des Rois foibles ont pris la place d'un Roy puissant, & c'est plûtôt les débris d'un royaume, qu'un Empire florissant que nous voyons aujourd'hui:

Analecta Mabilion. tom. 1. p. 391.

O! fortunatum nosset sua si bona regnum ....
At nunc tantus apex tanto de culmine lapsus ....
Cunctorum teritur pedibus, diademate nudus
Perdidit Imperium pariter nomenque decusque,
Et regnum unitum concidit sorte triformi.
Induperator prorsùs jam nemo putatur,
Pro rege est regulus, pro regno fragmina regni.

Cette division de la Monarchie Françoise entre freres

* Epist. Hincmari ad Ludovicum Regem, du Chesne, tom. 2. p. 475. *ut fratres suos exhæredaret, & regni Primores qui cum illis erant, adnullaret.* Vide Fragmentum Hist. Franc. ibid. pag. 401.

égaux, dit Mézeray, désunit les Peuples de la Gaule, de la Germanie & de l'Italie, qui avoient commencé à se joindre en un corps de Monarchie; elle fit que les Sujets devinrent changeans, infidelles, factieux, & que les Princes ne furent plus en état de contenir les Gascons & les Bretons, peuples inquiets & remuans, ni enfin de se défendre des incursions des Normands.

Abrégé histor. de Charles le Chauve.

Quoique les trois freres eussent fait la paix après la bataille de Fontenay, & qu'ils fussent convenus de nouveau de ce que chacun auroit pour son partage, ils avoient tant d'intérêts différens à concilier, qu'il étoit bien difficile qu'ils fussent long-tems d'accord. Ce n'étoit plus l'aîné des fils de Louis le Débonnaire qui desiroit seul d'être aussi puissant que son pere, cette ambition les posséda tous les trois, & laissa entre eux des semences de division qui contribuérent à la ruine de leurs Etats *.

Mirac. S. Bert. aut. Mon. Sitiv. sæc. III. Bened. part. I. p. 125. Epistol. Hincm. ad Ludovic. Regem, du Chesne, t. 2. pag. 476.

On peut dire cependant que les Etats de Charles le Chauve furent ceux où se commirent les plus grands désordres, comme on le verra dans un autre Mémoire.

* *Cujus pacis obtentu nequaquam mala desierunt : sed dum singuli per singula regna principari, seque secundùm paternam magnificentiam protelare cupiunt, seque suaque regna confundentes dejiciunt.*

RECHERCHES SUR LA CE'LE'BRITE' DE LA VILLE DE PARIS AVANT LES RAVAGES DES NORMANDS.

Par M. Bonamy.

Aſſemblée publique. 7. Avril 1739.

LA maniére dont nos Hiſtoriens modernes repréſentent la ville de Paris avant que les Normands en fiſſent le ſiége en 886. n'eſt guéres propre à nous en donner une idée avantageuſe. Si on les en croit, elle étoit encore renfermée dans les bornes étroites de la Cité à la fin de la premiére race de nos Rois; quelques-uns même ne lui donnent pas une plus grande étendue ſous les regnes de Charles le Chauve & de Louis le Begue, ou s'ils avouent que les Pariſiens fuſſent alors ſortis de leur Iſle, ce n'étoit tout au plus, diſent-ils, que pour y bâtir quelques maiſons éparſes çà & là des deux côtés de la Seine.

Tome 1. du Traité de la Police, page 73.

Il eſt vrai que M. de Lamare a fait voir dans ſon premier volume du Traité de la Police, qu'il y avoit eu une enceinte du côté du nord avant celle de Philippe-Auguſte, & cette premiére enceinte, à ce qu'il prétend, ſubſiſtoit dès le tems des Romains; toute la preuve qu'il donne de cette antiquité, c'eſt que Grégoire de Tours, Frédégaire, Aimoin & d'autres, n'ont point parlé de la conſtruction de cette enceinte, qu'ils n'auroient pas manqué de rapporter ſi elle eût été faite ſous le regne de quelques-uns de nos Rois. Mais le ſilence de ces Auteurs n'a pas paru une preuve aſſez déciſive à deux célébres Hiſtoriens qui ont écrit depuis le Commiſſaire de Lamare, je veux dire le Pere Félibien & le Pere Daniel, qui tous deux aſſûrent comme un fait conſtant, que la ville de Paris étoit encore renfermée dans la Cité lorſque les Normands en firent le ſiége. Le P. Félibien place même auprès de Sainte

Hiſt. de Paris, tom. 1. pp. 65. & 102.
Hiſt. de la Milice Franç. to. 2. pag. 55.

de Sainte Opportune une forêt qui s'étendoit, ſelon lui, depuis l'endroit où eſt la Baſtille juſqu'à la Place des Conquêtes: il avoit cependant reconnu dans ſon diſcours préliminaire, qu'il y avoit dès le tems des Empereurs Julien & Valentinien I. des fauxbourgs aſſez étendus, mais au midi de la Cité & du côté de l'Univerſité.

Il n'étoit pas poſſible en effet, ſelon la remarque d'Adrien de Valois, de trouver dans la Cité des logemens pour cette foule de courtiſans qu'attiroit la préſence des Empereurs, pour le grand nombre de leurs gardes, de leurs domeſtiques & des ſoldats qu'ils avoient toûjours à leur ſuite.

Nous pouvons nous former une idée de la Cour de ces Princes, par le nombre & la qualité de ceux qui compoſoient celle du Céſar Julien dans le tems qu'il demeuroit à Paris: on y voit le Préfet des Gaules, le Maître des Armes, *Magiſter Armorum,* le Comte des Domeſtiques, *Domeſticorum Comes,* le Maître des Libelles, *Libellorum Magiſter,* le Maître des Offices, *Officiorum Magiſter,* le Préfet de la Chambre, *Cubiculi Præfectus,* le Grand-Écuyer, *Cæſaris Stabuli Tribunus,* un Queſteur, des Notaires, des Tribuns, des Chambellans, des Décurions du Palais, & pluſieurs autres Officiers dont on peut voir les noms dans Ammien-Marcellin.

M. de Valois & le P. Félibien ont placé les fauxbourgs dont parle cet Auteur, du côté du midi au delà du Petit-pont. Le premier ſur-tout ſemble vouloir tranſporter dans cette partie tous les bâtimens qu'on ſe croyoit bien fondé à placer du côté oppoſé: c'eſt ainſi qu'il ſoûtient que l'égliſe de Saint Laurent dont parle Grégoire de Tours, n'étoit pas dans le lieu où elle eſt aujourd'hui, parce qu'il étoit impoſſible, ſelon lui, que le débordement de la Seine & de la Marne, qui arriva ſous le regne de Childebert, pût s'étendre depuis la Cité juſqu'à S.t Laurent, comme le dit Grégoire de Tours: il ne *Lib. 6. c. 25.*
lui en faut pas davantage pour tranſporter cette égliſe au delà du Petit-pont. Cependant les Auteurs poſtérieurs rapportent des inondations auſſi conſidérables que celle de Grégoire de Tours, telles ſont, par exemple, celles qui arrivérent en

1280. 1281. 1`96. & 1373. pendant lesquelles la plaine de Saint-Denys & tous les environs de Paris furent inondez, en sorte qu'on ne pouvoit entrer qu'en bateau dans la partie qu'on nomme la Ville.

Au reste, je ne nie pas qu'il n'y eût des fauxbourgs au midi de la Seine sous l'Empire de Julien, mais il est constant que ceux dont l'Historien Ammien fait mention, & dans lesquels Julien alla recevoir les Troupes, étoient placez au nord de la Cité, puisque ces Troupes venoient de la Belgique pour passer la Seine à Paris, & de là continuer leur route vers l'Italie; c'est aussi dans ces mêmes fauxbourgs que l'Empereur Valentinien I. alla au-devant de Jovin, lorsqu'il revint à Paris après avoir défait les Allemands près de Châlons-sur-Marne.

Lib. 20. c. 4.

Lib. 27. c. 2.

Il étoit naturel de concevoir qu'une ville comme Paris ne pouvoit être renfermée dans des bornes aussi étroites que celles de la Cité, depuis que les Gouverneurs & les Empereurs Romains avoient commencé d'y séjourner en différentes occasions; car quoique les Auteurs ne nous ayent pas conservé les noms des Empereurs qui ont demeuré à Paris avant Julien & Valentinien I. il est cependant certain qu'avant eux, ou les Préfets des Gaules ou quelques Empereurs y avoient fait leur séjour, puisqu'on ne peut donner une autre origine à cette maison si connue depuis sous le nom de Palais des Thermes, que Julien vint habiter en arrivant à Paris, & à laquelle ce Prince & l'Historien Ammien donnent les noms de *Palatium, Regia*, & Zosime celui de Βασίλεια.

Julian. Ep. ad Constant. apud Amm. Marcell. Amm. Marcell. lib. 20. cap. 4. & 5. Zosim. lib. 3.

Quand même on avoueroit que la ville de Paris sous la domination des Romains, n'auroit pas eu plus d'étendue que la Cité, est-il croyable qu'elle fût restée dans le même état pendant près de quatre cens ans, c'est-à-dire, depuis que Clovis en eut fait la capitale de son royaume, & qu'elle fut devenue la demeure ordinaire des Rois de la premiére race, le lieu où ils assemblérent souvent les Grands de la Nation, & où ils convoquérent des Conciles nombreux? Si elle n'a pas toûjours été regardée comme la Capitale de toute la

Monarchie Françoiſe ſouvent diviſée entre pluſieurs Rois, c'étoit au moins la capitale d'une portion conſidérable de cette Monarchie, & Foulques Archevêque de Reims, écrivant à l'Empereur Charles le Gros dans le tems que les Normands faiſoient le ſiége de Paris, l'appelle la capitale de Neuſtrie & de Bourgogne.

Flodoard. Hiſt. Eccl. Rem. l. 4. cap. 5.

Il eſt vrai que Pepin, Charlemagne & Louis le Débonnaire n'y ont pas fait d'auſſi longs ſéjours que les Rois de la premiére race; ils ſont cependant venus demeurer de tems en tems dans les Palais qu'ils y avoient, Pepin y eſt mort, & Charlemagne y étoit lorſqu'il prit la réſolution d'aller à Rome; il y demeura encore pluſieurs fois depuis, ainſi que ſon fils Louis le Débonnaire, & on ne peut douter que ſous Charles le Chauve Paris ne fût regardé comme le ſiége de la royauté: ce Prince y ſéjourna plus long-tems qu'aucun de ſes prédéceſſeurs, & le ſoin qu'il eut d'y rétablir les Ecoles fondées par Charlemagne, contribua à augmenter le nombre des habitans de Paris.

Erric d'Auxerre qui y avoit enſeigné les Belles-Lettres ſous le regne de Charles le Chauve, & qui donne à cette ville l'épithéte de *populoſa,* nous apprend que ce Prince avoit attiré auprès de lui les Maîtres qui avoient le plus de réputation, pour enſeigner dans les Ecoles publiques: *Id vobis ſingulare ſtudium effeciſtis ut ſicubi terrarum Magiſtri florerent artium, hos ad publicam eruditionem undequaque veſtra Celſitudo conduceret.* Le Pape Nicolas I. en félicita ce Prince, par une lettre où il reconnoît que l'établiſſement des Ecoles du royaume, & de Paris en particulier, étoit dû aux ſoins des prédéceſſeurs de Charles le Chauve; mais en même-tems qu'il ſe réjouit de ce que l'amour de l'étude & des ſciences reprend vigueur dans cette ville, il prie le Roy d'en chaſſer Jean Scot, qui y avoit été le Chef & le Modérateur des Ecoles: *Plurimùm nos lætificat quòd in Imperio & regno veſtro, & ſpecialiter Pariſiis, bonarum artium ſtudia prædeceſſorum veſtrorum curâ ſtabilita repullulent.... Dilectioni veſtræ vehementer rogantes mandamus, quatenùs*

Epiſt. dedicat. vitæ S. Germ. ad Carolum Calv.

Hiſt. Univerſit. Pariſ. tom. 1. p. 184.

*Joannem ...... Parisiis in studio cujus Capital * jam olim fuisse perhibetur, morari non sinatis.*

C'étoit cependant dans un tems où les calamités publiques causées par les ravages des Normands & les guerres civiles que se faisoient les enfans de Louis le Débonnaire, devoient être un grand obstacle à l'avancement des Lettres; & c'étoit pour remédier à ces calamités, qu'il y avoit eu une entrevûe indiquée à Paris pour la S.t Jean de l'an 847. des trois freres, Lothaire Empereur, Louis Roy de Germanie, Charles le Chauve, & de leur neveu Pepin Roy d'Aquitaine, avec les Grands de leurs Etats, à qui on promit des sauf-conduits; tant de Rois & de Seigneurs auroient eu peine à y trouver des logemens, si elle n'eût alors été composée que des seules maisons de la Cité.

Convent. apud Marsnam, pp. 408. & 409. hist. du Chesne, tom. 2.

Mais si la seule idée de la ville de Paris considérée comme la demeure des Rois pendant trois cens ans, & comme la Capitale de l'Empire François, ou du moins d'une partie considérable, doit nous porter à croire qu'elle étoit plus étendue & plus peuplée que ne le disent les Historiens modernes, j'espere qu'on sera encore plus confirmé dans ce sentiment, lorsque j'aurai fait voir qu'elle a toûjours été une ville renommée pour le commerce, depuis le tems que nous la connoissons jusqu'à celui des ravages des Normands.

Quand le silence des Auteurs sur le commerce de Paris seroit aussi grand qu'on se l'imagine communément, la seule situation de cette ville ne nous permettroit guéres de douter qu'il n'y en ait point eu avant l'an 1170. comme l'a prétendu le Commissaire de Lamare. Les Inscriptions trouvées en 1711. dans l'église de Notre-Dame, nous apprennent que sous l'empire de Tibère il y avoit un corps de Commerçans établis à Paris sous le nom de *Nautæ Parisiaci,* qui y élevérent un autel à Jupiter. C'est ce monument qui a donné lieu à M. le Roy de composer une curieuse & sçavante Dissertation, où

Traité de la Police, tom. 2. p. 703.

* Le Recteur de l'Université étoit encore désigné par le mot *Capital* sous le regne de Philippe-Auguste. *Voy. du Boulay, to. 3. p. 3. Hist. Univers. Paris.*

il a entrepris de prouver qu'il ne falloit point chercher ailleurs que dans ce corps de Négocians, l'origine du corps municipal connu depuis sous le nom d'Hôtel de Ville, & chargé encore aujourd'hui de veiller à la police générale de la navigation & du commerce des marchandises amenées à Paris sur les riviéres.

Quelque convainquante que soit la Dissertation de M. le Roy, j'ose assûrer qu'elle auroit fait encore plus d'impression, s'il y avoit joint quelques autorités qui lui sont échappées, & qui font comme une espece de tradition, pour prouver que le commerce y a toûjours été en vigueur depuis le regne de Tibére jusqu'au commencement de la troisiéme race de nos Rois, & par conséquent que ces bourgeois de Paris négocians par eau, dont il est fait mention dans les lettres de Louis le Gros & Louis le Jeune, *Mercatores aquæ Parisius, Cives nostri Parisienses qui Mercatores sunt per aquam,* n'étoient point un corps nouvellement établi, mais qu'il étoit aussi ancien que le tems auquel les Romains se rendirent maîtres de Paris.

Voy. les Preuves de la Dissertation de M. le Roy, au commencement du premier volume de l'Histoire de Paris.

Ces Conquérans étoient trop habiles & trop attentifs à tout ce qui pouvoit contribuer à leurs avantages & à l'utilité publique, pour négliger les secours que cette ville pouvoit leur procurer: située sur une grande riviére dans laquelle l'Yonne, la Marne & l'Oise se déchargent, elle étoit très-propre à servir d'entrepôt aux provisions des troupes Romaines, & aux marchandises qui se transportoient des provinces méridionales des Gaules dans la Celtique, dans la Belgique, & même jusque dans la Grande-Bretagne. Ce commerce étoit déja ouvert avant que les Romains eussent porté leurs armes dans les provinces septentrionales.

Diodore de Sicile nous apprend que les marchands d'Italie attirez par le gain immense qu'ils y faisoient, transportoient des vins dans ces provinces, soit sur les fleuves, soit par les voitures de terre. L'étain de la Grande-Bretagne & des Isles Cassitérides, selon le même Auteur, étoit aussi transporté par terre jusqu'à Narbonne & jusqu'à Marseille. Avant la conquête des Gaules par Jule-César, les provinces méridionales

Lib. 5. p. 303.

Idem, ibid. p. 314.

étoient remplies de négocians citoyens Romains, avec lesquels les Gaulois qui vouloient faire le commerce, étoient obligez de s'associer, c'est Cicéron qui nous l'apprend; mais lorsque les Romains eurent achevé la conquête de ce pays, le commerce y fleurit encore bien davantage : tout étant en paix dans ces vastes contrées, les habitans s'adonnérent à l'agriculture & au commerce.

Cic. Orat. pro Fonteio.

Strabon, qui ne parle qu'avec admiration de l'heureuse situation des Gaules traversées par un grand nombre de riviéres, dont les unes se jettent dans l'Océan & les autres dans la Méditerranée, nous apprend quel chemin prenoient les négocians pour le transport de leurs marchandises; je ne rapporterai que ce qui peut concerner le commerce de Paris. « On peut, dit-il, remonter le Rhône fort loin, & » transporter par son moyen les marchandises en différens en- » droits, car la Saône & le Doux, qui sont des riviéres navi- » gables & propres à porter de grosses charges, se jettent dans » le Rhône, & depuis la Saône jusqu'à la Seine on voiture les » marchandises par terre; c'est en descendant cette derniére » riviére qu'on les transporte dans le pays des Lexoviens & des Calétes, & de là par l'Océan dans la Grande-Bretagne. »

Lib. 4. p. 188.

Outre ces chemins par eau il y en avoit encore d'autres par terre qui conduisoient à Paris, car les deux grandes routes qui partoient de Lyon & de Bordeaux, venoient se réunir à Autun, & il y en avoit une autre depuis cette derniére ville jusqu'à Paris. Là elle se partageoit encore en deux chemins, dont l'un alloit à Rouen, l'autre à Beauvais, à Amiens & à Boulogne-sur-mer. Les Parisiens, par le moyen de la grande route de Paris à Orléans, avoient encore une communication avec ce grand nombre de chemins publics qui aboutissoient à cette derniére ville, qui est constamment le *Genabum* des Anciens, & où étoit le port des Carnutes; ainsi les routes par terre & par eau concouroient toutes à rendre la ville de Paris un lieu de commerce. Il n'est donc point étonnant que du tems de Tibére, sous le regne de qui Strabon écrivoit, on trouvât dans cette ville un corps de Commerçans établis sous

Hist. des grands chemins, tom. 1. pp. 527. 533. 547. & autres.

le nom de *Nautæ Parisiaci*, qui y faisoient le trafic par eau, comme on en trouve plusieurs pour le commerce de la Loire, du Rhône & de la Saône. On peut voir dans la Dissertation qui a été faite pour expliquer le monument précieux de l'église de Notre-Dame, les prérogatives & les honneurs attribuez dans l'Empire à ces corps de Négocians, parmi lesquels on trouve des Sénateurs & des Chevaliers Romains. Si les *Nautæ Parisiaci* n'étoient que de simples Bateliers, comme l'a cru M. l'Abbé de Longuerue, il en faudroit dire autant des *Nautæ Ararici* & *Rhodanici*, dont les Inscriptions nous donnent une plus haute idée; car enfin on n'a jamais donné à une troupe de Bateliers le titre de splendidissime, titre dont des Républiques & des Corps de Villes se trouvoient honorez, & dont étoit décoré le corps des Négocians par eau du Rhône & de la Saône, comme on le lit dans une Inscription dressée à Lyon par trois provinces des Gaules à l'honneur d'un Julius Severinus; il y est qualifié Patron & Directeur du corps illustre des Nautes du Rhône & de la Saône, * *Patrono splendidissimi corporis N. Rhodanicorum & Araricorum.*

Hist. de Paris par le P. Félib. tome I.

Descript. de la France, p. 12.

Gruter. pag. CCCCXXV. n.° 1.

Si l'on demande en quoi consistoit dans ces commencemens le commerce des Négocians de Paris, j'avouerai que je ne crois pas qu'il consistât en autre chose qu'en bleds, vins, huiles, sel, ou autres denrées nécessaires à la vie, dont Paris étoit l'entrepôt; quant aux choses qui n'étoient que pour le luxe, les commodités & les agrémens de la vie, comme les étoffes précieuses du Levant, les ouvrages d'or & d'argent, les parfums, les épiceries, elles ont fait l'objet du négoce de cette ville, sur-tout depuis que nos Rois y eurent établi leur Cour: leur présence & celle des Grands de la Nation, bien loin d'y diminuer le commerce, a dû au contraire y attirer plus de marchands, d'artisans & d'ouvriers de toute

* Il y a dans le Recueil de Gruter, *pag. CCCLXXI. n.° 8.* une Inscription trouvée à Auxerre, & faite en l'honneur d'un *Aurelius Demetrius* chargé des affaires des villes de Sens, de Troyes, de Meaux, de Paris & d'Autun, associées pour le commerce.

eſpece, parce qu'il y avoit plus de néceſſités à ſatisfaire, & plus de commodités à ſe procurer.

Lorſque Grégoire de Tours parle de la diſgrace de Leudaſtes Comte de Tours, qui étoit venu à Paris pour fléchir l'eſprit de la Reine Frédégonde, il dit que ce Comte ayant ſuivi le Roy Chilperic & cette Reine à la ſortie de l'égliſe juſqu'à la place publique, il s'y arrêta à parcourir les boutiques des Négocians, où il examinoit les meubles de prix, le poids de la vaiſſelle d'argent, & les divers ornemens qui y étoient: *Greg. Tur. hiſt. lib. 6. cap. 22.* *Domoſque Negotiantium circumiens ſpecies rimatur, argentum penſat, atque diverſa ornamenta proſpicit.*

Lib. 8. c. 33. Le même Auteur parle encore en un autre endroit, de ces maiſons des Négocians qui furent brûlées dans un incendie qui commença à une maiſon ſituée auprès de la porte par où l'on ſortoit pour aller du côté du midi, ce qui me fait croire que ces Négocians demeuroient au delà du Petit-pont, *Lib. 6. c. 17.* auſſi-bien que les Juifs, qui avoient une ſynagogue & un cimetiére auprès de Saint Julien-le-pauvre; c'eſt ce que je me propoſe d'examiner dans une ſeconde partie de ce Mémoire.

Le commerce qui ſe faiſoit à Paris, ne ſe bornoit pas aux marchandiſes & aux denrées qu'on y tranſportoit des provinces méridionales des Gaules & de l'Italie, ou à celles qui y arrivoient des pays du Nord par l'Océan, il s'étendoit juſqu'en Syrie & en Egypte. Cela paroîtra ſans doute un paradoxe à ceux qui n'ont point étudié l'ancien état de notre *Hiſt. lib. 10. cap. 26.* capitale. Grégoire de Tours rapporte qu'après la mort de Ragnemode Evêque de Paris, un marchand Syrien, nommé Euſébe, obtint par les préſens qu'il fit à Frédégonde, qu'on le choisît pour remplir cette dignité: il n'y fut pas plûtôt inſtallé qu'il chaſſa tous ceux qui compoſoient l'Ecole de ſon prédéceſſeur, & appella à leur place des Syriens de naiſſance comme lui. Qui eſt-ce qui pouvoit avoir attiré à Paris ces Syriens, ſi ce n'étoit le commerce, puiſque l'Evêque Euſébe étoit lui-même originairement un Négociant, *Euſebius* *Lib. 8. c. 1. & l. 7. c. 31.* *quidam Negotiator, genere Syrus!* On trouve dans ce même tems des Négocians Syriens à Bordeaux, & on en voit à Orléans

Orléans avec des Juifs, qui viennent les uns & les autres au-devant du Roy Gontran lorſqu'il fit ſon entrée dans cette derniére ville, & qui chantent chacun dans leur langue des cantiques à l'honneur de ce Prince. Cette Nation paſſionnée pour le commerce, cherchoit à l'enrichir par ſon moyen dans toutes les contrées de la domination Romaine; de-là vient que Saint Jérôme appelle les Syriens les plus avides des mortels, *Negotiatores avidiſſimi mortalium Syri.*

Act. SS. Ord. S. Bened. tom. 2. pag. 22.

Epiſt. ad Demetriad.

C'eſt cette demeure des Syriens à Paris, qui a fait croire à M. de Launoy que la rue des Arſis devoit s'appeller *vicus de Aſſyriis,* du nom des Syriens qui avoient une égliſe dédiée à Saint Pierre auprès de Saint Méry. Mais quoi qu'il en ſoit de ſes conjectures qui pourroient bien avoir quelque fondement malgré les objections d'Adrien de Valois, ce que j'ai dit de ce Négociant Syrien devenu Évêque de Paris, & de ſes compatriotes, nous rend croyable ce que le Prêtre Conſtance rapporte dans la vie de Sainte Geneviéve, & eſt très-propre à nous perſuader que le commerce de Paris avec l'Orient y étoit peut-être établi avant que les François ſe rendiſſent maîtres des Gaules.

Sainte Geneviéve, ſelon cet Auteur, étoit en relation avec le fameux Siméon Stylite, ce ſolitaire célébre qui avoit choiſi pour habitation le haut d'une colonne auprès de la ville d'Antioche; des marchands que leur négoce obligeoit à faire de fréquens voyages en Syrie, en rapportoient à notre Sainte des complimens de la part de Siméon: *Hic per Negotiatores ad loca iſta mercandi gratiâ ſæpiùs venientes, ſanctæ Genovefæ ſalutationes cum plurima veneratione mittebat.*

Bolland. 3. Januar. to. 1. pag. 145.

La ville de Marſeille étoit l'entrepôt ordinaire, tant des marchandiſes de la domination Françoiſe, que de celles qu'on y tranſportoit des pays étrangers: c'étoit dans ce port qu'on débarquoit le vin de Gaza ville de Paleſtine, ſi renommé dans les Gaules du tems de Grégoire de Tours, & qu'il appelle *Gazetum.* Les vaiſſeaux qui apportoient le papier & les autres marchandiſes d'Egypte, y abordoient auſſi. Il y avoit un commerce continuel de Marſeille à Alexandrie, comme

Mon. Sangall. lib. 2. apud du Cheſne, tom. 2. pag. 130.

Hiſt. lib. 7. c. 29. de gloria Confeſſ. c. 65.

Id. lib. 5. c. 5.

Mabil. l. 1. de re Diplom. c. 8.

il seroit aisé de le prouver par plusieurs passages de Grégoire de Tours, & entr'autres par celui où il raconte la dévotion d'un Solitaire nommé Hospitius, qui s'étant fait une loy d'imiter en tout les Moines d'Egypte, ne vouloit manger pendant le Carême que des mêmes racines dont ils vivoient, & il falloit que les Négocians eussent soin de lui en faire sa provision : *In diebus autem Quadragesimæ de radicibus herbarum Ægyptiarum, exhibentibus sibi Negotiatoribus, alebatur.*

Greg. Tur. lib. 6. cap. 6.

La raison qui attiroit à Paris des Peuples aussi éloignez qu'étoient les Syriens, étoit celle qui avoit rempli cette ville de Juifs ; la synagogue qu'ils y avoient, est une preuve qu'ils y étoient en grand nombre : c'étoit à eux que nos Rois s'adressoient pour faire leurs emplettes. Salomon est qualifié Négociant du Roy Dagobert par l'Auteur des Gestes de ce Prince, & un autre Juif nommé Priscus l'étoit du Roy Chilperic : *Ei ad emendas species familiaris erat.*

Hist. du Chesne, tom. 1. p. 582.

Gregor. Turon. lib. 6. cap. 5.

Parmi les Peuples qui abordoient à Paris par l'Océan, on voit des habitans de la Grande-Bretagne, des Saxons, & d'autres Nations de la Germanie, on y voit des Espagnols même. Le concours de ces différens Peuples se remarquoit sur-tout à la Foire de Saint-Denys, qui avoit été transportée entre Saint Martin & Saint Laurent dès l'an 710. sous le regne de Childebert III. Enfin il est toûjours fait mention des Négocians de Paris & de son commerce, jusqu'au tems des ravages des Normands.

Hist. de Saint-Denys par le P. Félibien.

Appendix ad calc. Greg. Tur. pag. 1384.

Je ne puis donner une plus haute idée de cette ville & de l'état où étoit alors ce commerce, qu'en rapportant les paroles de deux Auteurs qui avoient été témoins de ces ravages.

Le premier est Adrevald Moine de l'Abbaye de Fleury-sur-Loire, qui vivoit sous le regne de Charles le Chauve ; cet Auteur déplorant les malheurs du Royaume, & l'état misérable où la plûpart des villes, comme Beauvais, Soissons, Orléans, Nantes, Angers, &c. étoient réduites par la fureur de ces Barbares, parle ainsi de la ville de Paris : Que dirai-je de Paris, cette ville capitale, autrefois si célébre par sa gloire, par ses richesses & par la fertilité de son territoire, dont les

Lib. de Mirac. S. Bened. apud du Chesne, to. 3. pag. 446.

habitans vivoient dans une parfaite sécurité, & que je pourrois à juste titre appeller le Trésor des Rois, & le lieu où s'assembloient les Nations? n'est-elle pas maintenant un monceau de cendre plûtôt qu'une ville fameuse? *Quid Lutetia Parisiorum, nobile caput resplendens quondam gloriâ, opibus, fertilitate soli, incolarum quietissimâ pace, quam non immeritò Regum divitias & emporium dixero populorum! num magis ambustos cineres quam urbem nobilem potis est cernere!*

Il y a une réflexion essentielle à faire sur ce passage, pour ceux qui ne veulent pas que la ville de Paris ait étendu ses limites au delà des deux bras de la riviére, c'est que tous nos Historiens conviennent que les Normands n'ont jamais brûlé les édifices de la Cité, dont ils ne purent se rendre maîtres après deux ans de siége; ainsi les bâtimens qu'ils avoient réduits en cendres, & qui composoient cette ville célébre, *urbem nobilem,* n'étoient pas ceux de la Cité, mais ceux qui étoient construits des deux côtés de la riviére, où du tems d'Adrevald on ne voyoit plus que des monceaux de cendre. En effet, dans ces paroles que je viens de citer, on a peine à reconnoître une ville renfermée dans les bornes étroites de la Cité. Si l'on vouloit relever la grandeur de Paris tel qu'il est aujourd'hui, on pourroit ne pas employer d'autres termes que ceux du Moine Adrevald.

Le second Auteur que j'ai à alléguer, est Hilduin Abbé de Saint-Denys; il n'a pas tenu à lui qu'on n'ait cru que Paris, dès le tems même que S.t Denys l'Aréopagite y vint, selon lui, prêcher la foy sous l'empire de Domitien, étoit une ville aussi considérable qu'Adrevald la décrit. Il nous la représente comme étant deslors le siége royal & le lieu des assemblées de la Noblesse des Gaulois & des Germains, à cause de la salubrité de son air, de son agréable situation sur la Seine, & de la fertilité de son terroir planté d'arbres & de vignes. Elle étoit, selon cet Auteur, une ville très-peuplée & d'un grand commerce, par les différentes especes de marchandises qui y arrivoient par la riviére: *Parisiorum civitas ut sedes regia . . . . constipata populis, referta commerciis ac variis commeatibus, undâ fluminis circumferente.*

Areopagitic.

Je suis bien éloigné d'adopter tout ce qu'Hilduin rapporte de l'état de Paris sous l'Empire de Domitien, mais ce que je veux conclurre de son témoignage est qu'il n'a pu parler de cette ville comme il en parle, que parce qu'il a cru qu'elle avoit toûjours été telle qu'il la voyoit sous le regne de Louis le Débonnaire, à qui il présenta ses Aréopagitiques vers l'an 828. & qu'ainsi la description qu'il fait de l'état de Paris sous l'Empereur Romain, est celle de l'état où elle se trouvoit sous les Empereurs François.

L'autorité des deux Auteurs que je viens de citer, ne nous permet pas de regarder comme une exagération, l'éloge de Paris qu'on lit au commencement des deux livres où Abbon déplore en mauvais vers les effets de la fureur des Normands pendant le siége de cette ville. On lui pardonneroit la barbarie de son style, s'il y avoit répandu plus de clarté:

Medio Sequanæ recubans, culti quoque regni
Francigenum temet statuis, præcelsa, canendo,
Sum polis, ut Regina micans omnes super urbes,
Quæ statione nites cunctis venerabiliori
Quisque cupiscit opes Francorum, te veneratur.

Cet état brillant de Paris fut obscurci par les courses des Normands, qui brûlérent en différentes fois les églises & les édifices qui étoient sur les deux bords de la Seine. Le commerce y fut extrêmement troublé par cette nation redoutable, qui profitant de la foiblesse du gouvernement & de la connivence des Grands qui s'entendoient avec les Normands, portoit par-tout le fer & le feu. Leur premiére arrivée à Paris en 845. y répandit une telle épouvante, que cette ville si peuplée demeura presque déserte, *vacuam penitùs ipsam urbem quondam populosam ...... repererunt.* L'argent que leur donna Charles le Chauve, les empêcha d'y faire alors aucun mal; mais les Négocians furent obligez de prendre la fuite en 861. vingt-cinq ans avant le siége de Paris, & ce fut alors la seconde fois qu'ils brûlérent ses édifices, & en particulier l'Abbaye de

Lib. Miracul. S. Germ. autore Aimoino. Du Chesne, to. 2. p. 655.

Saint-Germain-des-Prés : *Anno 861. Northmanni Lutetiam Parisiorum & ecclesiam sancti Vincentii ac sancti Germani incendio tradunt; Negotiatores quoque per Sequanam navigio sursùm fugientes insequuntur & capiunt.*

Les Normands s'étant établis dans une des plus belles provinces du royaume, donnérent enfin le tems à notre Capitale de respirer ; le commerce ne tarda pas à s'y rétablir, & ceux que nous y avons vû jusqu'alors nommez *Nautæ Parisiaci, Negotiantes, Negotiatores,* reparurent au commencement de la troisiéme race sous le nom de *Mercatores aquæ,* nom qui a long-tems désigné l'état d'un Citoyen de Paris ; de sorte que les noms de Bourgeois de Paris & de Marchand signifioient la même chose. C'est ce qu'on voit encore du tems de Saint Louis, au sujet d'une taille qui fut imposée sur les Bourgeois à l'occasion de la Chevalerie de Philippe son fils aîné. Les Bourgeois avoient compris dans cette taxe un certain Thibaut d'Asniéres, Ecuyer, sous prétexte qu'étant fils d'une Bourgeoise & ayant épousé la fille d'un Bourgeois, & de plus jouissant des priviléges de la ville, il étoit obligé de contribuer aux impositions. Thibaut se défendoit en disant qu'il étoit vrai qu'il demeuroit à Paris avec sa mere, comme son fils & son héritier, mais qu'il n'y étoit pas comme Bourgeois ou Marchand, *non tanquam Burgensis seu Mercator.*

La Roque, Traité de la Noblesse, p. 414.

Il me resteroit maintenant à marquer les limites & l'étendue des bâtimens qui étoient des deux côtés de la riviére ; c'est aussi ce que je ferai dans la seconde partie de mes recherches. Si je ne fais pas remonter jusqu'au tems des Romains l'antiquité de la premiére enceinte qui fut bâtie hors de l'Isle du côté du nord, je ferai voir du moins qu'elle existoit sous la premiére race de nos Rois. Un passage de Grégoire de Tours nous donne même à entendre que de son tems cette partie que nous nommons la Ville, pour la distinguer de la Cité, étoit déja connue sous ce nom ; il en parle à l'occasion de la guérison d'un lépreux, qui fut opérée, dit cet Auteur, le jour que Chilperic entra dans la ville, & le lendemain de

De gloria Confessorum, c. 90.

l'entrée qu'il avoit faite en qualité de Roy dans la Cité : *Ingrediente Chilperico Rege in urbem Parisiacam sequenti die quam Rex ingressus est civitatem.* Ainsi bien loin que cette partie ait été alors un terrein marécageux & peu propre à être habité, comme le disent la plûpart de nos Historiens modernes, il est constant qu'elle a toûjours été plus couverte de bâtimens, & plus peuplée que la partie que nous nommons l'Université, dont les bâtimens les plus voisins de la riviére, comme Saint Julien-le-pauvre & Saint Séverin, étoient encore réputez fauxbourgs sous le regne de Louis le Jeune; au lieu que les monumens qui font mention des fauxbourgs situez au nord avant les ravages des Normands, les supposent toûjours placez au delà de Sainte Opportune, de Saint Méry & de Saint Gervais, c'est-à-dire, au delà de cette enceinte que tous nos Auteurs, à l'exception de M. de Lamare, jugent n'avoir été bâtie qu'après le siége de Paris par les Normands, en 886.

Mais comme le détail dans lequel je me suis proposé d'entrer, demande des discussions, je remettrai à une autre fois à vous en entretenir. Si ce que j'ai eu l'honneur de vous lire n'a pas répondu parfaitement au titre de ma Dissertation, je crois au moins vous avoir donné de Paris une idée toute différente de celle que nous en donnent nos Historiens modernes, & avoir prouvé que cette ville, la demeure ordinaire de nos Rois pendant plus de trois cens ans, le lieu des assemblées des Grands de la Nation, cette ville si fameuse par sa gloire & ses richesses, *resplendens gloriâ, opibus,* par son commerce qui y attiroit des marchands de toutes les contrées, *emporium populorum;* cette reine des Villes enfin, comme l'appelle Abbon, considérable par le nombre de ses habitans, *constipata populis,* ne pouvoit être renfermée dans la Cité, qui ne s'étendoit alors que jusqu'à la rue de Harlay; car tout ce qui est depuis cette rue jusqu'au Pont-neuf, a été formé de deux isles qu'on a jointes ensemble & à la Cité. Outre cela elle étoit rétrécie par une enceinte qui devoit emporter une grande partie de son terrein, puisqu'on en pouvoit faire le tour en dedans & en dehors. Il y avoit au moins un port où abordoient les marchandises, & peut-être quelques places publiques. Quant aux édifices qui occupoient l'intérieur de l'enceinte, pour ne rien dire que de certain, on y voyoit la Cathédrale, la maison de l'Evêque & celles de son Clergé, un Hôpital où les Chanoines de la Cathédrale alloient certains jours laver les pieds des pauvres, l'église de Saint Eloy, dont les bâtimens embrassoient tout l'espace renfermé entre les rues de la Vieille-draperie, aux Féves, Calandre & de la Barillerie, l'église de Saint Barthelemy, qui avoit été bâtie pour servir de chapelle au Palais de la Cité que les Comtes de Paris habitoient sous la seconde Race. Je ne parle point des autres églises que les Historiens de Paris placent dans la Cité, parce que je n'en trouve point de preuves positives.

Après tout ce détail, n'est-il pas nécessaire de conclurre qu'il devoit y avoir des deux côtés de la riviére des bâtimens en assez grand nombre, où les Rois, leurs Ministres & leurs domestiques, les Grands de la Nation, les Marchands étrangers, & ceux que l'amour de l'étude attiroit à Paris, pussent loger?

SUITE DU MEMOIRE SUR LA CÉLÉBRITÉ ET L'ÉTENDUE DE PARIS AVANT LES RAVAGES DES NORMANDS.

Par M. Bonamy.

26. Février 1740.

J'ai fait voir dans la premiére partie de mon Mémoire, que les éloges magnifiques que nos anciens Hiſtoriens donnent à la ville de Paris, ne conviennent en aucune façon à une ville renfermée dans les bornes étroites de la Cité, & que quand on ſuppoſeroit que Paris ne s'étendoit pas au delà des deux bras de la riviére du tems des Romains, il n'étoit pas croyable que ſes limites n'euſſent pas été portées plus loin depuis que nos Rois en eurent fait la capitale de leur royaume, & qu'elle fut devenue une ville de grand commerce.

Il me reſte maintenant à prouver ce que j'ai avancé, & à faire voir qu'il y avoit un grand nombre de bâtimens des deux côtés de la riviére, avant que les Normands en fiſſent le ſiége, en 886.

Si les Auteurs de notre Hiſtoire nous avoient appris en détail les agrandiſſemens ſucceſſifs de Paris, nous n'en ſerions pas réduits ſouvent à deviner ce qu'ils nous diſent d'une maniére obſcure; cependant ſi l'on s'en rapportoit au Commiſſaire de Lamare, le ſeul Grégoire de Tours devroit nous ſuffire pour nous donner une connoiſſance exacte de l'état de Paris ſous nos premiers Rois: « Ce ſçavant Prélat, dit-il, » rapporte avec la derniére préciſion les bâtimens conſidérables » qui furent élevez par nos Rois à Paris, & tous les autres évé- » nemens qui avoient été capables de faire changer de face à cette Ville capitale, depuis la naiſſance de la Monarchie. » Ce ſeroit en vain qu'on chercheroit cette préciſion dans Grégoire de Tours, tous les bâtimens de Paris dont il nous apprend les fondateurs, ſe réduiſent aux deux égliſes de S.t Pierre & de S.t Vincent;

Traité de la Police, tom. 1. pag. 73.

S.t Vincent; de ſorte que ſi l'on peut tirer des écrits de cet Auteur quelques éclairciſſemens ſur l'état de la ville de Paris, ce n'eſt qu'en rapprochant des paſſages épars çà & là, en les comparant entr'eux & avec ce que nous apprenons des Ecrivains qui ont vécu de ſon tems, ou qui ſont venus après lui.

Le premier Auteur qui aït parlé de Paris, eſt Jule-Céſar, il dit que cette ville étoit renfermée dans une Iſle; mais je ne ſçais ſi on ne pourroit pas conclurre de ce qu'il rapporte du feu que les Pariſiens mirent eux-mêmes à leur ville, qu'il y avoit deſlors des maiſons hors de l'Iſle ou de la Cité, car j'avoue que je ne conçois pas quelle raiſon auroit pu engager les Pariſiens à brûler les bâtimens renfermez dans leur Iſle, après avoir fait rompre les deux ponts qui y conduiſoient. Ne ſeroit-il pas plus naturel de penſer que les Pariſiens brûlérent ſeulement les maiſons qui étoient ſur les bords de la riviére, & qu'ils ſe réfugiérent dans l'Iſle, comme dans leur fortereſſe, où les habitans étoient à l'abri des attaques des Romains, ſurtout après que les ponts qui y conduiſoient, eurent été rompus? C'étoit le parti qu'avoient pris ceux de Melun, qui étant dans le même cas que les Pariſiens, ſe contentérent de rompre leurs ponts, ſans brûler les maiſons qui étoient entre les deux bras de la Seine.

De Bello Gall. lib. 7. cap. 58.

Ibidem.

Quoi qu'il en ſoit, le P. Félibien après quelques Hiſtoriens modernes, dit que Céſar ordonna aux habitans qui étoient reſtez, ou à ceux du voiſinage, de la rebâtir; mais comme il ne cite aucun garant de ce fait, on n'eſt pas plus obligé d'y ajoûter foy qu'au paſſage de Boëce cité par le Commiſſaire de Lamare, dans lequel on lit que Céſar ayant augmenté les édifices de Paris, & l'ayant fait fortifier de murailles, cette ville fut appellée la Cité de Céſar: *Lutetiam Cæſar uſquè adeò ædificiis adauxit, tamque fortiter mœnibus cinxit, ut Julii Cæſaris Civitas vocaretur.* On ne trouve rien de ſemblable dans ce qui nous reſte des ouvrages de ce Philoſophe, & du Boulay *

Tom. 1. p. 13.

Hiſt. Univerſit. Pariſ. tom. 1. p. 84.

* Ce livre eſt attribué par Vincent de Beauvais, *lib. 1. Speculi doctr. c. 30.* à Boëce; d'autres en font auteurs Pierre de Blois ou Thomas Cantimpré. *Voy. Fabric. Biblioth. Latinâ, pag. 650.*

croit avec raiſon que Jean Scot eſt le véritable auteur du livre intitulé *de Diſciplina Scholarium*, où l'on trouve ce paſſage.

Ceux qui ſont venus après Céſar, & qui ont eu occaſion de parler de Paris, ſe ſont contentez de rapporter ſon nom, ſans entrer dans aucun détail ſur ce qui concerne cette ville; & nous n'en ſçaurions rien abſolument juſqu'au tems de l'Empereur Julien, ſans les Inſcriptions trouvées dans l'égliſe de Notre-Dame, qui font mention du corps des Négocians de Paris ſous le regne de Tibére.

Dès le tems de Julien il y avoit déja, comme je l'ai remarqué, des fauxbourgs ſituez au nord de la Cité, & il ne faut point douter que le Palais des Thermes n'ait dès les premiers tems attiré un grand nombre d'habitans du côté de l'Univerſité. L'Empereur Julien ne parle point de bâtimens, mais ſeulement des jardins qui étoient de ce côté-là, & où les Pariſiens avoient planté de la vigne & des figuiers.

Je ne répéterai pas ici ce que j'ai déja dit des bâtimens publics & particuliers de la Cité & de l'enceinte qui l'environnoit; je n'entrerai point non plus dans la diſcuſſion du lieu où étoit la Cathédrale dans les premiers tems, ſi c'étoit Saint Eſtienne-des-Grès ou Saint Marcel; il me ſuffira de dire que ſous les enfans de Clovis elle étoit à peu-près où elle eſt encore aujourd'hui, & que ſous le regne de Louis le Débonnaire il y avoit dans le Parvis de Notre-Dame, du côté de l'Hôtel-Dieu, une égliſe de Saint Eſtienne, où ſe tint un Concile en 829. Il en reſtoit encore des murs du tems de Louis le Gros, que ce Prince, dans ſes lettres au ſujet des limites de la voirie des Evêques de Paris, appelle *muros veteris eccleſiæ Sancti Stephani;* c'étoit probablement l'ancienne Cathédrale appellée du nom de Saint Eſtienne dans pluſieurs Auteurs.

Hiſt. Eccleſ. Pariſ. tom. 1. pag. 349.

Cette partie de la Cité ne s'étendoit pas plus loin que Saint Denys-du-Pas & l'Archevêché; car ce qu'on nomme le Terrein, connu du tems de Saint Louis ſous le nom de la Motte-aux-papelards, paroît s'être formé des décombres & des immondices qu'occaſionna la conſtruction du vaſte bâtiment de l'église de Notre-Dame. Quant à l'autre partie opposée, elle ne s'étendoit, comme je l'ai dit, que jusqu'à la rue de Harlay; au delà étoient deux Isles, dont la plus grande étoit vis-à-vis des Augustins, & c'est celle que l'on a appellée l'Isle aux Juifs, où fut brûlé le Grand-Maître des Templiers, & où se firent plusieurs exécutions; l'autre qui étoit située au bout du Quay de l'Horloge, avoit fort peu d'étendue. La situation de la premiére Isle est décrite dans des lettres de Philippe le Bel de l'an 1313. *Juxtà portam jardini nostri inter dictum jardinum nostrum ex una parte dicti fluvii, & domum religiosorum virorum Fratrum Ordinis Sancti Augustini Parisiis ex altera parte dicti fluvii.* Et la position des deux Isles est bien marquée dans un ancien plan de Paris en tapisserie, dont M. Turgot Prévôt des Marchands a fait l'acquisition pour la Ville, & qui a été exposé dans cette Académie. *Du Breüil, p. 329.*

Cependant M. de Lamare n'a mis sur ses plans qu'une seule Isle, & la plus petite, qui n'est pas même située où elle devroit l'être. Une entreprise aussi vaste que celle de son Traité de la Police, ouvrage si estimable & si utile, ne lui a pas permis de faire attention à quelques erreurs de Topographie dans lesquelles il est tombé. J'en pourrois rapporter plusieurs exemples, qui serviroient à prouver qu'on ne trouve pas toûjours dans ses plans toute l'exactitude qui seroit à desirer, même dans des choses pour lesquelles il n'étoit pas besoin de longues recherches; mais comme cette discussion me jetteroit hors de mon sujet, je reviens à l'état où étoit la Cité avant les ravages des Normands.

On y entroit par deux ponts de bois du tems de l'Empereur Julien, comme il nous l'apprend lui-même. Celui qui étoit du côté du nord, & qu'on a appellé le Grand-pont, étoit déja couvert de maisons sous le regne de Childebert I. Je ne sçais s'il y en avoit aussi sur le Petit-pont; M. de Valois le croyoit, mais il ne cite aucune autorité pour le prouver. Quant au Grand-pont, Fortunat en parle à l'occasion d'un incendie qui commença du côté de la Ville & gagna les maisons du Grand-pont avec tant de violence, qu'il fit *Misopogon.* *Valesian. p. 52.*

appréhender qu'il ne se communiquât à celles de la Cité : *A parte basilicæ beati Laurentii noctu edax ignis exiliens, domos pendulas quæ per pontem constructæ erant, exurere cœpit, & non solùm ex vicino fluvio incessanter aquâ superfusâ non adquievit, sed etiam Civitati proximus, civibus ut universa consumeret magnum timorem incussit.*

Vita Leobini, apud du Chesne, tom. 1. p. 537.

J'ai déja dit qu'il y avoit sur la fin de la seconde race, un Palais dans la Cité, qui servoit de demeure aux Comtes de Paris ; mais il n'y a guéres d'apparence qu'il ne fût point bâti dès le tems de la premiére race de nos Rois, car il est certain que Childebert & son frere Clotaire étoient logez dans une autre maison que la Reine Clotilde leur mere, lorsqu'ils envoyérent demander à cette Princesse les enfans de leur frere Clodomir, sous prétexte de les élever à la royauté : *Dirige parvulos ad nos ut sublimentur in regno.* Grégoire de Tours qui rapporte la maniére barbare dont l'impitoyable Clotaire massacra lui-même ses deux neveux, dit qu'après ce meurtre il monta à cheval pour s'enfuir à Soissons, & que Childebert sortit de la ville pour se retirer dans les fauxbourgs, ce qui suppose qu'ils demeuroient dans l'intérieur de la ville. Mais quoique plusieurs passages de Grégoire de Tours ne nous permettent pas de douter que nos Rois n'eussent un Palais dans la Cité, il faut cependant convenir qu'aucun Auteur n'en a parlé d'une maniére positive avant le siége de Paris par les Normands. Du tems du Roy Lothaire, qui commença à regner soixante ans après ce siége, l'église de Saint Barthelemy étoit la Chapelle du Palais, *Regalis Capella,* & deslors on la regardoit comme un ancien bâtiment qu'on attribuoit à la magnificence des Rois, *Regum antiquitùs magnificentiâ fuerat constructa.* Malgré le silence des Auteurs, Adrien de Valois avoit cru que ce Palais étoit de la plus haute antiquité, puisqu'on lui fait dire dans le *Valesiana,* que « le Palais dont » Ammien-Marcellin fait mention, étoit dans la ville de Paris, » c'est-à-dire, dans l'Isle ou la Cité, parce que Henry de Valois » son frere prétendoit que les Palais n'avoient jamais été bâtis » hors des villes, & qu'il croyoit que le Palais de la Cité avoit

Lib. 3. c. 18.

Du Chesne, to. 3. p. 343. & seq.

Valesian. p. 51.

été bâti long-tems avant Julien l'Apostat, aussi-bien que les « Bains. » On ne sçait comment accorder ce langage avec ce que dit ce sçavant Auteur dans ses notes sur Ammien-Mar- *Notæ in Amm.* cellin & dans sa Notice des Gaules, où non seulement il ne *Marcell. l. 20. cap. 4.* paroît point du tout avoir pensé à mettre un Palais dans la *Notit. Gall. au* Cité du tems de Julien, mais où il assûre au contraire en *mot* Parisii. termes exprès, que le Palais de ce Prince étoit le Palais des Thermes. En effet, la maniére dont Ammien Marcellin en a parlé, fait voir, comme l'a remarqué Adrien de Valois, *Notæ in Amm.* qu'il avoit une vaste étendue, & les bornes étroites de la Cité *Marcell. l. 20.* ne permettent pas de l'y placer. *cap. 4.* De plus, en comparant ce que dit cet Historien avec ce que rapporte Zosime touchant les troupes que l'Empereur Constantius avoit demandées au César Julien, & qui passérent par Paris pour continuer de là leur route vers l'Orient où elles étoient destinées à faire la guerre aux Perses, on verra que les témoignages de ces deux Auteurs concourent à prouver que le Palais où demeuroit Julien, étoit hors de la Cité. Ammien dit que les Officiers de ces troupes ayant été reçus avec toutes les marques de bonté de la part de Julien, se retirérent ensuite dans le camp, *qui* *Lib. 20. c. 4.* *liberaliter ita suscepti .... in stativa solita recesserunt.* Or Zosime nous apprend la situation de ce camp, lorsqu'il dit que ces mêmes troupes passérent la nuit à manger auprès du Palais : Πρὸς ἐκδημίαν εὐτρεπεῖς ὄντες οἱ στρατιῶται, νυκτὸς ἄχρι βαθείας *L. 3. p. 152.* ἐδείπνουν περὶ τὰ αὐτόθι βασίλεια. *edit. Oxon.* Ainsi le Palais où demeuroit Julien, n'étoit point dans la Cité, où assûrément il n'y avoit point de camp, mais au midi de la Seine auprès du Palais des Thermes. Il ne faut point confondre ce camp avec le lieu *Amm. Marcell.* d'exercice, *campus,* où Julien convoqua les troupes avec les *lib. 20. cap. 5. & 9.* habitans de Paris, après son élévation à l'Empire. M. l'Abbé le Beuf croit qu'il étoit du côté de la Porte-Baudets, & il cite pour le prouver, l'autorité d'Ammien : cet Auteur, selon lui, *Dissert. sur le* dit que « Julien fit la revûe de ses troupes hors de la ville de Vicus Catolo- « Paris sur les bords de la Seine, dans une place qu'il appelle le censis, *p. 20.* « Champ de Mars. » Mais il faut que M. l'Abbé le Beuf ait cité de mémoire Ammien, car quoique cet Auteur fasse mention en plusieurs endroits, de cette place où l'Empereur alloit s'exercer lui-même, il ne parle ni de sa situation sur le bord de la Seine, ni il ne l'appelle le Champ de Mars, ni enfin il ne dit nulle part que Julien y ait fait la revûe de ses troupes.

Lib. 21. c. 4.

Nous ne sçavons pas depuis quel tems ce Camp, *stativa Castra*, étoit devenu fixe; il y a bien de l'apparence que Constantin ayant retiré les Légions des bords du Rhin, à la garde desquels il ne laissa que les Milices du pays, & les Barbares ayant fait des incursions bien avant dans les Gaules, Paris devint alors une place importante: aussi voyons-nous dans la Notice de l'Empire, que le Préfet de la Flotte[a] des Andérétiens, destinée à la garde des passages de la riviére, y demeuroit, ainsi que le Préfet des Sarmates Gentils qui étoient postez en différens lieux sur la Seine, depuis Paris jusqu'à l'embouchûre de la riviére de Cure dans l'Yonne. *Præfectus Sarmatarum Gentilium à Chora*[b] *Parisios usque.* Au reste ces sortes de Camps fixes ont donné origine à plusieurs villes, & celui de Paris a bien pu contribuer aussi à son agrandissement.

Zosim. lib. 2.

Notit. Dignit. Imp. Rom. sect. 65.

Si nous ne sommes pas en état de marquer précisément l'endroit où étoit ce Camp, il n'en est pas de même du Palais des Thermes où venoient se rendre les eaux d'Arcueil par un aqueduc dont il reste encore des vestiges depuis ce village jusqu'à l'hôtel de Clugny, rue des Mathurins. Sa situation est bien marquée par d'anciens titres: ceux de la fondation du Collége de Sorbonne disent que les maisons que Saint Louis céda pour cet établissement, étoient dans la rue Coupe-gueule devant le Palais des Thermes: *In vico de Coupe-gueule ante Palatium Thermarum.* Ce qui est encore confirmé

Du Breüil, pp. 617. & 618.

[a] Les Empereurs Romains tenoient des barques tout équipées sur certaines riviéres, pour arrêter les courses des Barbares, & les empêcher de pénétrer dans l'Empire. *Voy. Vopisc. in Bonoso, Am. Marcell. lib. 16. Cod. Theodos. l. 7. tit. 16.* On ne sçait pas l'origine du nom des soldats de cette flotte appellez *Anderetiani;* quelques-uns croyent qu'il leur venoit du nom de leur poste principal, *Andresiacum, Andresy,* bourg sur la Seine à l'embouchûre de l'Oise.

[b] On pourroit aussi entendre par le mot *Chora* qui est dans la Notice, le lieu même appellé encore aujourd'hui *Chore,* situé sur la riviére de Cure au-dessus de Vezelay.

par des Lettres de Louis le Jeune de l'an 1138. au sujet d'une obole de cens que ce Prince remit à l'Hôpital ou Aumônerie de S.t Benoît, aujourd'hui les Mathurins; cette Aumônerie, *Eleemosyna*, étoit auprès du lieu appellé les Thermes: *Quæ sita est in Suburbio Parisiensi juxta locum qui dicitur Thermæ;* & la rue des Mathurins qui fut percée au travers de ce Palais, fut nommée la rue des Bains de César, *vicus Thermarum Cæsaris.* Du Breüil, pag. 49.

On a abattu auprès de l'hôtel de Clugny en 1737. une salle fort exhaussée, sur la voute de laquelle il y avoit un jardin qui faisoit partie de ce Palais. Mais on peut voir encore à la Croix de Fer dans la rue de la Harpe, une autre grande salle voutée & haute de quarante pieds environ, construite & liée des mêmes matériaux que les restes de l'ancien aqueduc d'Arcueil, dans laquelle il y a une rigole à deux banquettes, couverte d'un enduit de ciment, & d'une construction semblable à des restes de rigole que M. Géoffroy, de l'Académie des Sciences, a découverts en 1732. ce qui prouve avec les autorités que je viens de rapporter, que les bains du Palais que Julien habitoit avec toute sa Cour, étoient dans cet endroit-là, mais ils n'en faisoient qu'une petite partie. Nos Rois de la première race y firent aussi leur séjour. Childebert I. se plaisoit à cultiver les jardins qui l'accompagnoient, & qui devoient être situez du côté de l'Abbaye de S.t Germain, puisque Fortunat nous apprend que c'étoit en les traversant que ce Prince se rendoit à cette église:

Hinc iter ejus erat cum limina sancta petebat
Quæ modò pro meritis incolit ille magis.

Du Chesne, Hist. Franc. to. 1. pag. 494.

C'est du même Auteur que nous sçavons encore que la Reine Ultrogothe femme de Childebert, y vint aussi demeurer avec ses deux filles, lorsque Charibert Roy de Paris les eut rappellées de l'exil où son pere Clotaire I. les avoit envoyées. Fortunat leur souhaite le plaisir de jouir long-tems de cette demeure:

Possideas felix hæc Ultrogotho per ævum
Cum geminis natis tertia mater ovans.

Idem, ibid.

Charibert Prince poli, & dont les mœurs ne se ressentoient en rien de la barbarie de nos premiers Rois, crut devoir céder à ces Princesses le Palais des Thermes, & se retirer dans le Palais de la Cité, où l'on voit par un passage de Grégoire de Tours qu'il demeuroit; c'est sur cette demeure que Fortunat félicite les Parisiens, & les exhorte à se consoler par la présence de ce Prince, de la mort de Childebert son oncle:

Histor. Franc. lib. 4. cap. 26. Du Chesne, Hist. Franc. to. 1. pag. 490.

Dilige regnantem celsâ Parisius arce,
Et cole tutorem qui tibi præbet opem.
Hunc modò læta favens avidis amplectere palmis .....
De Childeberto veteres compesce dolores,
Non cecidit patruus dum stat in Urbe nepos.

Les Normands qui brûlérent les maisons du quartier de l'Université, n'épargnérent pas le Palais des Thermes, & c'est au tems de leurs ravages qu'il faut attribuer la destruction de l'aqueduc d'Arcueil. Malgré cela il fut encore la demeure de quelques-uns de nos Rois de la troisiéme race, & sous Louis le Jeune il s'appelloit le vieux Palais. Jean de Hauteville*, qui vivoit sous le regne de Philippe-Auguste, en fait une description magnifique, aussi-bien que de ses jardins, & il nous fait entendre qu'il s'y commettoit des désordres où la pudeur n'étoit guéres épargnée:

Du Boulay, Hist. Universit. Paris. tom. 2. p. 483.

Architren. lib. 4. cap. 8.

Tollitur alta solo Regum domus aula, Deûmque
Sedibus audaci se vertice mandat, at umbras

* Jean de Hauteville, *Joannes Hautivillensis*, né en Normandie, florissoit à Paris vers l'an 1180. Il a écrit un ouvrage divisé en neuf livres, & intitulé *Archithrenius*, où il déplore la misére des hommes, leurs mœurs corrompues, & la vanité de leurs actions. Il y suppose qu'il parcourt toute la terre, & qu'il n'y voit rien qui ne mérite ses larmes. C'est pour cette raison qu'il s'appelle lui-même Archithrenius, *pleureur*, dans la dédicace de son livre à Gautier Archevêque de Rouen. Il s'étend beaucoup sur les louanges de la ville de Paris, & fait à cette occasion la description de l'état où se trouvoient de son tems le quartier de l'Université, qu'il appelle *Mons ambitionis*, & le Palais des Thermes. Il parle aussi des mœurs & de la conduite des Ecoliers & des Maîtres qui les enseignoient; il fait le portrait des gens de Cour, & n'épargne pas les Moines, qu'il n'aimoit guéres. Ce livre qui est très-rare, a été imprimé en 1517. petit in-quarto, chez Jodocus Badius Ascentius.

Fundamento

Fundamenta premunt, regnisque silentibus instat....
Centro fixa domus, medioque innititur axi,
Explicat aula sinus, montemque amplectitur alis.
Multiplici latebra scelerum tersura ruborem,
Ipsa loco factura nefas, erroribus umbram
Cæca parat, noctisque vices, oculique verendas
Excipit excubias, pereuntis sæpè pudoris
Celatura nefas, Venerisque accommoda furtis.

Ces mots *explicat aula sinus, &c.* font voir que cet ancien Palais avoit une étendue plus grande que celle de l'hôtel de Clugny. Je crois qu'il étoit compris dans les premiers tems entre les rues S.t Jacques & de la Harpe depuis la rue du Foin jusqu'au couvent des Jacobins; tout ce canton étoit en effet dans la censive du Roy, comme il paroît par les Lettres de la fondation de Sorbonne. Pour ce qui est de l'emplacement des jardins par où le Roy Childebert se rendoit, selon Fortunat, de son Palais à Saint Germain-des-Prés, il devoit occuper le terrein des rues de la Harpe, Pierre-Sarazin, Hautefeuille, du Jardinet & autres. Quoi qu'il en soit de l'étendue précise du Palais des Thermes, il est certain qu'il subsistoit encore en 1218. puisque cette année-là Philippe-Auguste* le donna à l'un de ses Chambellans, avec le pressoir qui y étoit, à condition qu'il le tiendroit du Roy & de ses successeurs, moyennant douze deniers de cens. Depuis le regne de ce Prince ce Palais éprouva les mêmes changemens qui sont arrivez dans la suite à d'autres Palais de nos Rois, comme aux Palais de Saint-Paul & des Tournelles, dont les

* Les Lettres de cette donation se trouvent dans le registre de Philippe-Auguste, au trésor des chartres: *Philippus, &c. Noveritis quòd nos Henrico Consergio Parisiensi, Cambellano nostro, propter ejus fidele servicium & hæredibus suis de uxore sua desponsata donamus in perpetuum Palacium de Terminis, quod fuit Simonis de Pissiaco, cum pressorio quod erat in eodem Palacio; ita quòd idem Henricus & hæredes sui de uxore sua desponsata tenebunt prædicta de nobis & hæredibus nostris in perpetuum ad duodecim denarios censuales reddendos annuatim in festo sancti Remigii. Actum apud Pontem Arch. an. 1218. mense Martio.*

bâtimens furent vendus à différens particuliers, & sur l'emplacement desquels on perça de nouvelles rues.

Il étoit naturel que la demeure du Prince dans ce quartier, y attirât des habitans; aussi Grégoire de Tours dans plusieurs endroits de ses ouvrages nous apprend que ce côté de la riviére étoit habité sous nos premiers Rois. Les Juifs y avoient une synagogue qui ne devoit pas être éloignée de Saint Julien-le-pauvre, puisqu'un Juif nouvellement converti, nommé Phatir, ayant assassiné un homme de la même nation, dans le tems qu'il alloit un jour de Sabbath à cette synagogue, se réfugia aussi-tôt dans Saint Julien avec ses domestiques, qui étoient dans la place voisine. Je ne puis dire précisément où étoit cette synagogue, peut-être étoit-elle auprès du cimetiére que les Juifs avoient encore dans le XII.[e] siécle à la rue de Garlande du côté de la place Maubert. Je mets plus bas & le long de la riviére jusqu'auprès de St André-des-Arts, les maisons des Négocians dont Grégoire de Tours fait mention à l'occasion d'un incendie dont il raconte ainsi les particularités. « Une » femme ayant vû en songe un homme tout éclatant de lumiére, » qui venoit du côté de l'église de St Vincent, & qui tenoit » à la main un flambeau avec lequel il mettoit le feu aux mai- » sons des Négocians, *domos Negotiantium ex ordine succendentem,* » elle cria aux habitans de se sauver, mais ils la traitérent de » visionnaire. Trois jours après un Marchand qui demeuroit » dans la maison qui étoit auprès de la porte de la Cité par » où l'on sortoit pour aller du côté du midi, *erat enim domus* » *hæc prima secùs portam quæ ad meridiem pandit egressum,* étant » entré dans son magasin, laissa de la lumiére auprès d'un » vaisseau plein d'huile, le feu y prit, brûla la maison, & se » communiqua de suite à toutes les autres. Le vent porta l'in- » cendie jusqu'à une autre porte où étoit une petite chapelle » dédiée à Saint Martin, en mémoire de ce qu'il y avoit autre- » fois guéri un lépreux. Les flammes environnoient déja de » toutes parts ce petit bâtiment, & on avoit beau crier à celui » qui en avoit soin, & qui paroissoit braver le péril où il étoit, » de songer à sa conservation, il crut que Saint Martin étoit

Histor. Franc. lib. 6. cap. 17.

Id. ibid. lib. 8. c. 33. an. 586.

obligé de faire un miracle en sa faveur, & Grégoire de Tours « ne nous laisse pas ignorer qu'il ne fut pas trompé dans son « attente. Le feu qui avoit commencé à l'un des bouts du pont, « & qui de là s'étoit communiqué au reste des maisons de ce « quartier, s'arrêta à la chapelle de S.t Martin, que les flammes « épargnérent, aussi-bien que les autres églises, mais du côté « de la riviére l'incendie fut si violent qu'il n'y eut que l'eau « qui l'empêchât de passer plus loin : *Ibique cecidit incendium* « *quod ab una parte pontis cœperat desævire, ab alia verò tam validè* « *cuncta conflagravit ut amnis finem imponeret.* »

Il n'est guéres possible de marquer l'endroit où étoit cet oratoire de Saint Martin, qui étoit un bâtiment très-peu considérable, ni par conséquent la porte de l'enceinte qui environnoit les maisons de ce quartier; mais je ne crois pas qu'elle s'étendît beaucoup au-dessus de l'église de S.t Séverin dont S.t Martin est encore un des principaux patrons.

Cette habitation des Négocians de Paris du côté du midi, confirme le sentiment de ceux qui ont placé le Parlouer-au-bourgeois auprès des Jacobins de la rue Saint Jacques, où en effet il y avoit encore en 1266. une maison fort étendue qui portoit ce nom; & on sera encore moins étonné de ce que je viens de dire du grand nombre de bâtimens qu'il y avoit sur ce terrein, si on fait réflexion à celui des églises qui y étoient construites, telles étoient celles de S.t Julien, de S.t Séverin, de S.t Bache ou de S.t Benoît, & de S.t Estienne, qui furent ruinées par les Normands, & dont les biens furent dissipez pendant les troubles du royaume. Or ces temples bâtis si près l'un de l'autre, supposent, ce me semble, des habitations dans les environs. De plus, il y avoit des ports sur ce bras de la riviére, pour la commodité des Marchands, & il ne faut point juger de l'état où il étoit alors par celui où nous le voyons de nos jours: il n'étoit pas rétréci par des maisons & des quais bâtis dans son lit, & par quatre ponts construits dans un assez court espace, qui ont contraint une partie des eaux de refluer dans l'autre bras. Sans parler du Port-aux-buches qui étoit dans l'endroit où l'on a

Sauval, to. 2. pag. 480.

Hist. Eccles. Paris. tom. 1. pag. 644.

Félib. Hist. de Paris, piéces justificat. tome 2. pag. 523.

bâti les maiſons de la rue de la Bucherie, il y avoit encore en 1319. un port où ſe déchargeoient le bled, le vin, l'avoine, le bois & autres marchandiſes, au lieu où eſt aujourd'hui le pont Saint-Michel.

Toutes les maiſons qui étoient de ce côté-là ſe reſſentirent de la fureur des Normands, ainſi que les deux égliſes de Saint Pierre & de Saint Vincent; & lorſque les Religieux de cette derniére Abbaye rapportérent le corps de Saint Germain en 863. ils ne purent en paſſant par le haut de la rue Saint Jacques, retenir leurs larmes à la vûe de tant d'édifices brûlez ou renverſez de cette ville, la maîtreſſe des Nations, dont les richeſſes étoient ſi conſidérables, ce ſont les termes d'Aymoin Religieux de Saint Germain-des-Prés, & témoin oculaire, qui ſe trouva avec le Clergé de la Cathédrale & celui de Sainte Geneviéve, au tranſport du corps de Saint Germain, depuis l'embouchûre de la riviére de Biévre * juſqu'à ſon Abbaye : *Fuimus jam licet ex adverſo proximi partim aduſtæ, nec non & permultùm diſſipatæ civitati, cujus demolita facies nos omnes in dolorem adducens competenter exegit pſallere ; adſpice, Domine, quia facta eſt deſolata civitas plena divitiis, ſedet in triſtitia domina Gentium .... multi namque canentes, plures verò cernebantur plorantes.*

Sæcul. III. Benedict. part. 2. pag. 117.

Quelque peuplé que fût le côté méridional de la Seine, compris depuis dans l'enceinte de Philippe-Auguſte, la plus grande partie du terrein étoit occupée par des prés, des vignes, & même des terres labourables, comme on l'apprend d'Archithrenius & de Rigord. De là vient que dans les titres des XI.e & XII.e ſiécles, on trouve les noms de tous ces lieux déſignez ſous le nom de Clos, comme le Clos Bruneau, le Clos de Garlande ou de Mauvoiſin, & d'autres dont il eſt inutile de faire ici l'énumération; de ſorte qu'il faut regarder le quartier de l'Univerſité, ſur-tout la partie qui va en montant, comme le lieu deſtiné aux maiſons de campagne des Pariſiens.

* La riviére de Biévre ſe déchargeoit alors dans la Seine, au même endroit où nous la voyons aujourd'hui. On n'avoit pas encore creuſé le canal qui aboutiſſoit à la place Maubert, comme on le verra dans un autre Mémoire.

Paſſons maintenant de l'autre côté de la riviére, pour examiner les limites de la ville de Paris avant les ravages des Normands. J'ai déja rapporté un paſſage de Grégoire de Tours, dans lequel cet Auteur ſemble marquer deux enceintes ſéparées, l'une qu'il appelle la Cité, *Civitas*, & l'autre la Ville, *Urbs*. M. de Lamare avoit auſſi prouvé par des titres des X.[e] & XI.[e] ſiécles, qu'il y avoit une enceinte au nord de la riviére, avant celle de Philippe-Auguſte, mais ces titres ne diſent pas que cette premiére enceinte eût été conſtruite ſous nos premiers Rois, comme le même Auteur l'a cru avec juſte raiſon; il ne s'agit maintenant que d'en fixer à peu-près la date. Tous nos Auteurs conviennent que la Porte-Baudets ou Baudoyer auprès de St Gervais, & celle qui étoit auprès de St Méry, nous marquent l'étendue de cette enceinte à l'Orient & au Nord. Je n'ai rien trouvé par rapport à la Porte-Baudets, mais nous ſommes plus inſtruits ſur ce qui regarde celle de Saint Méry, dont il reſtoit encore une partie ſous le regne de Charles V. au rapport de Raoul de Preſles [a]. L'Auteur des Geſtes de Dagobert dit que ce Prince donna à l'égliſe de St Denys des places en dedans & en dehors de la ville, avec la Porte même & les droits qu'on y percevoit: *Areas quaſdam infra extraque civitatem Pariſii, & portam ipſius civitatis quæ poſita eſt juxta carcerem Glaucini, quam negotiator ſuus Salomon eo tempore prævidebat, cum omnibus teloneis . . . . . . ad eorum (Sancti Dionyſii & ſociorum ejus) baſilicam tradidit* [b]. Du Cheſne, to. 1. pag. 582.

Quoique cet Auteur ne déſigne point l'emplacement de cette Porte, on ne peut douter que ce ne ſoit la même dont parle l'Abbé Suger dans le livre où il rend compte de l'adminiſtration des biens de ſon Abbaye. Il y expoſe que les droits

[a] *Commentaires de Raoul de Preſles ſur la Cité de Dieu de S.[t] Auguſtin*, Manuſcrit de la Bibliothéque de S.[t] Victor, coté 419.

[b] Du Breüil prétend que cette porte étoit dans la Cité auprès de S.[t] Denys de la Chartre, ainſi que la priſon de Glaucin qui a donné, à ce qu'il dit, le nom à la rue de Glatigny qui eſt derriére Saint Denys de la Chartre, mais il eſt bien certain qu'il n'y avoit aucune porte dans cet endroit-là, puiſque le Pont de Notre-Dame ne fut bâti que bien des ſiécles après, & par conſéquent qu'il n'y avoit de porte pour ſortir de la Cité qu'à la tête du grand Pont.

de la porte de Saint Méry, qui avant lui ne se montoient qu'à douze livres de revenu, en produisoient cinquante de son tems, & que comme il étoit obligé de demeurer souvent à Paris pour les affaires du royaume, il avoit acheté une maison auprès de cette porte : *Domum quæ superest portæ Parisiensi versùs Sanctum Medericum eminus mille solidis...... De porta verò Parisiensi quæ solebat reddere duodecim libras, quinquaginta nobis reddit.*

Du Chesne, to. 4. pag. 332.

Il est si vrai qu'il faut entendre de cette porte de S.t Méry ce que dit l'Auteur des Gestes de Dagobert, que lorsqu'elle fut détruite & transportée plus loin dans la rue Saint Martin, au coin de la rue Garnier de Saint Lazare, l'Abbaye de Saint-Denys ne laissa pas de percevoir toûjours les droits sur les denrées qui passoient à l'ancienne porte de S.t Méry, comme au lieu où Dagobert les lui avoit originairement accordez. C'est ce qu'on apprend d'un arrêt du Parlement, de la Chandeleur de l'an 1276. & des titres du Domaine du commencement du XIV.e siécle. A la sortie de la porte de S.t Méry on trouvoit un fauxbourg où Saint Méry mourut vers l'an 774.

Du Cange, Dict. au mot Botagium.

Sæcul. III. Benedictin. tom. I. pag. 13.

Les mêmes titres que je viens de citer, font mention des droits d'entrée que les Religieux de Saint-Denys prenoient encore dans la rue Saint-Denys auprès de l'église des Saints Innocens; d'où il faut conclurre qu'il y avoit eu aussi dans cet endroit une autre porte, ce qui ne s'accorde pas avec le sentiment de M. l'Abbé le Beuf, qui croit que l'enceinte dont je parle, commençoit à tourner après la porte de S.t Méry, pour venir aboutir au Grand-châtelet le long de la grande boucherie; en sorte que, selon lui, en sortant de la porte extérieure de la Cité ou du Grand-châtelet, on trouvoit à main droite cette enceinte, & à main gauche une campagne qui s'étendoit aussi le long de la rue Saint-Denys. Mais il ne me paroît guéres naturel que les habitans de Paris ayent négligé en sortant de leur Isle, de bâtir sur le terrein de la principale avenue qui y conduisoit directement, pour construire une nouvelle ville qui n'avoit de communication par aucun pont avec la Cité. Aussi, bien loin qu'on se trouvât dans la

Dissert. sur le Vicus Catoloacensis, *p. 24.*

campagne à la sortie du Grand-châtelet ou de la porte de la Cité, comme le dit M. l'Abbé le Beuf, il est certain au contraire qu'il y avoit des bâtimens des deux côtés de la rue Saint-Denys, depuis le Grand-pont jusqu'auprès de l'église des Sts Innocens, où il y avoit une porte dans l'alignement de l'enceinte qui venoit de la porte de Saint-Méry, & au delà étoit un fauxbourg où étoit la chapelle Saint George ou de Saint Magloire.

Du Breüil, p. 846. Du Chesne, to. 3. p. 343. & to. 2. p. 627.

Il me semble que le passage de Fortunat, que j'ai rapporté, & que M. l'Abbé le Beuf a cité aussi au sujet de l'incendie qui avoit commencé du côté de la basilique de Saint Laurent, & s'étoit communiqué aux maisons du Grand-pont, auroit dû faire conclurre qu'il y avoit dès le regne de Childebert I. des bâtimens au delà de ce pont, le long de la rue Saint-Denys. En effet, l'église de Sainte Opportune devoit être renfermée dans l'enceinte des murailles, lorsque Hildebrand Evêque de Séez apporta de Moucy à Paris les Reliques de cette Sainte sous le regne de Louis le Bégue, pour y être à l'abri des incursions des Normands. Ce Prince lui accorda l'église qu'on a depuis nommée de Sainte Opportune, pour s'y retirer avec les Ecclésiastiques qui l'accompagnoient, & lui donna pour l'entretien de l'église & de ceux qui la desservoient, des prés situez au bas de la montagne de Mont-Martre, & le terrein si connu depuis long tems sous le nom de Champeaux, dont le cimetiére Saint-Innocent & les halles faisoient partie. Adelhelme Evêque de Séez, qui écrivit la vie de Sainte Opportune quelques années après le siége de Paris, nous apprend ces particularités, à l'occasion d'un miracle dont Louis le Bégue fut témoin: *Quo viso Ludovicus Rex...... prata juxta montem Martyrum, & Campellos insuper prope portam ejusdem civitatis ecclesiæ (Sanctæ Opportunæ) attribuit.*

Sæc. III. Benedict. part. 2. pag. 237.

Histor. Eccl. Paris. tom. 1. pag. 514.

Je n'ai rien trouvé qui pût m'indiquer la continuation de cette enceinte depuis l'ancienne porte de la rue Saint-Denys jusqu'au bord de la riviére; mais je crois, comme M. de Lamare, qu'elle s'étendoit le long du cimetiére des Saints Innocens, & venoit se terminer auprès du Fort-l'Evêque.

Du côté opposé vers l'Orient, elle venoit aboutir au Port-aubled, entre les rues des Barres & Geoffroy-lanier, en quoi je ne suis pas encore d'accord avec M. de Lamare, qui la fait finir entre les églises de St Jean-en-grève & de St Gervais. Il devoit nécessairement ne pas lui donner plus d'étendue, ayant pris, comme il a fait, pour deux tours de cette enceinte deux anciens bâtimens, dont l'un étoit dans la rue des Deux-portes, & l'autre, connu depuis long tems sous le nom de Tour-du-pet-au-diable, est situé derriére le sanctuaire de St Jean-en-grève. Mais je suis persuadé que M. de Lamare auroit été de mon sentiment, s'il avoit fait attention aux termes d'un titre qu'il a rapporté lui-même au sujet de notre enceinte.

Ce titre qui est de l'an 1280. dit positivement que les anciennes murailles de Paris passoient à travers une maison située auprès de la porte Baudets, qui appartenoit à un nommé Jean des Carneaux, & qui étoit de la censive de Saint Eloy: *Prope portam Bauderii à domo Johannis des Carneaux, quæ est de dicto territorio Sancti Eligii, per quam muri veteres Parisienses ire solebant.* Nous avons plusieurs titres qui nous apprennent dans un très-grand détail l'étendue de la censive de St Eloy, & je n'y ai trouvé aucune maison de cette censive au delà de la rue des Barres & du Cimetiére Saint Jean en venant du côté de Saint Paul; ainsi l'enceinte dont je parle, devoit traverser la rue St Antoine auprès de la vieille rue du Temple.

Traité de la Police, tom. 1. pag. 73.

Pour ce qui concerne les édifices qui y étoient renfermez, on y voyoit l'église de Saint Gervais, bâtie dès le tems de Clotaire I. l'église de Saint Méry, que le Prêtre Théodebert desservoit en 884. & l'église de Sainte Opportune dont j'ai parlé. Il pouvoit y en avoir d'autres, mais comme je n'ai rien trouvé de certain sur l'antiquité que la tradition leur donne, j'aime mieux les passer sous silence. Dans des lettres de Louis le Débonnaire, il est fait mention d'une rue qui s'étendoit depuis Saint Méry jusqu'à un lieu appellé *Tudella* *, d'une

Sæc. III. Bened. tom. 1. pag. 243. & p. 14.

Capitular. edit. Baluzii, col. 1418.

* Il faudroit peut-être lire *Tuhella* ou *Tuella*, qui signifie en général de la Toile, & il y a encore une rue à la Halle qu'on appelle la rue de la Toilerie. *Voyez le Dictionnaire de du Cange au mot* Toacula.

rue

rue de S.t Germain, & d'autres petites rues qui conduisoient à cette églife. Celles de Louis le Jeune, par lesquelles il accorde aux bourgeois du Monceau-Saint-Gervais & de la Grève, que la place qui porte ce dernier nom, demeure toûjours libre de bâtimens, en parlent comme d'un endroit où il y avoit eu depuis long tems un marché, *ubi vetus forum extitit,* & je ne doute point qu'elle n'ait servi de port aux marchandises qui abordoient de ce côté-là.

Recueil de pièces concernant la marchandise de l'eau, tom. 1. du P. Félib.

Quant aux dehors de l'enceinte, ils étoient aussi habitez; on a déja vû qu'il y avoit deux fauxbourgs, un au delà de la porte de Saint-Méry, & l'autre au delà de celle de la rue Saint-Denys: plus loin étoient les deux églises de Saint Martin & de Saint Laurent, dont Domnole étoit Abbé sous le regne de Clotaire I. En sortant de la Porte-Baudets on rencontroit l'église de Saint Paul, construite avec assez de magnificence par Saint Eloy, & le cimetiére destiné à la sépulture des Religieuses du couvent qu'il avoit fondé dans la Cité, & où l'on comptoit de son tems jusqu'à trois cens filles: *Ædificavit basilicam in honore Sancti Pauli ad ancillarum Dei corpora sepelienda, cujus tecta sublimia operuit plumbo cum elegantia.*

Vita S. Eligii aut. S. Audoëno, du Chesne, to. 1. pag. 630.

Enfin à l'Occident étoit l'église de Saint Germain-de-l'Auxerrois, dont on ne connoît rien de certain avant le VII.e siécle. Si je suivois le sentiment de du Boulay, je placerois aussi dans ce quartier-là, non seulement le Louvre, mais encore les Ecoles du Palais, si renommées sous les premiers Rois de la seconde race; mais comme les preuves qu'il apporte ne sont fondées que sur des autorités modernes, & en particulier sur le nom que porte encore aujourd'hui le Quay de l'Ecole, j'aime mieux laisser croire qu'elles étoient dans les environs du Palais des Thermes, où demeuroient les deux filles de Charlemagne Gisla & Rotrude, lorsqu'elles prioient Alcuin qui demeuroit alors à Tours, de leur envoyer des Commentaires sur Saint Jean, & qu'elles lui remontroient que la distance de Tours à Paris n'étoit pas si grande que celle de Rome à Béthléem, d'où Saint Jérôme ne laissoit pas d'instruire les Dames Romaines.

Alchuini opera, pag. 375.

Hist. Universit. Paris. to. 1. p. 107.

Pour ce qui est du Louvre, que du Boulay prétend avoir été construit dès la premiére race de nos Rois, c'est un sentiment qu'il appuye principalement sur des lettres du Roy * Dagobert I. dont l'authenticité n'est pas trop reconnue; il est vrai qu'elles sont rappellées dans des lettres de Charles le Chauve, moins suspectes; ainsi en admettant ces derniéres, on donnera toûjours au Louvre une époque bien antérieure au regne de Philippe-Auguste. En effet, il faut au moins convenir que ce château est plus ancien que ce Prince; & Rigord que l'on cite pour prouver que cette maison lui doit son origine, ne dit autre chose, sinon qu'il y fit bâtir cette tour si connue depuis sous le nom de grosse Tour du Louvre. Comme nos Rois ont toûjours aimé la chasse, cette maison

* Les Lettres de Dagobert contiennent une défense de poursuivre les criminels dans l'étendue des limites de la banlieue de l'Abbaye de S.t Denys: *Quisquis fugitivorum*, dit ce Roy, *pro quolibet scelere ad præfatam basilicam beatorum Martyrum fugiens, Tricenum pontem advenerit, vel ex parte Parisius veniens, montem Martyrum præterierit, vel de Palatio nostro egrediens, publicam viam quæ pergit ad Luparam, transierit: sicut nos quidem Deus liberavit per ipsos sanctos Martyres . . . ita omnes quicunque ibi confugerint, liberentur & salventur.* Ce qui souffre de la difficulté dans ces Lettres, est l'explication de ces mots, *vel de Palatio nostro egrediens, &c.* Du Boulay croit que le Palais dont il est ici question, est le Louvre, & que le grand chemin qui conduit *ad Luparam*, est la rue Saint Honoré. D'autres Auteurs qui ont aussi cité ces Lettres, ont interprété le mot *Lupara,* du bourg de *Louvres-en-Parisis,* situé sur la grande route de Paris à Senlis, qui passe par la Villette & le Bourget; mais ni du Boulay, ni les autres n'ont point fait attention que ces Lettres étant datées du Palais de Clichy, le Palais dont il y est fait mention ne pouvoit être que le Palais de Clichy même; & que le chemin public dont il est parlé, étoit un chemin qui conduisoit de Saint-Denys au château du Louvre à l'occident de Montmartre. C'est en effet le même chemin dont il est fait mention dans les Lettres de la fondation de Saint Honoré en 1204. qui venoit aboutir auprès de cette église le long des murs de l'enceinte de Philippe-Auguste, & par conséquent au Louvre. Par là on comprend sans peine ce que veut dire Dagobert quand il déclare qu'un criminel seroit en sûreté, lorsqu'en s'enfuyant de Paris, il auroit passé Montmartre, & qu'il jouiroit du même droit d'asyle, si en quittant le Palais de Clichy, il pouvoit parvenir au grand chemin qui conduisoit de Saint-Denys au Louvre: c'est là, selon moi, le sens le plus naturel de ces Lettres, & il ne me paroît pas possible de les entendre en admettant l'explication de du Boulay & des autres.

Quant au pont de Tricines, *Pons Tricenus,* c'étoit un pont bâti sur la petite riviére de Crou qui passe à S.t Denys à l'orient de l'église de cette Abbaye.

pouvoit bien être destinée aux équipages de celle du loup, d'où lui seroit venu le nom de *Lupara.* Si cette étymologie n'est pas vraie, elle n'est pas au moins contre la vraisemblance.

Tout ce que j'ai dit, doit faire disparoître la campagne que M. l'Abbé le Beuf met à la sortie du Grand-châtelet, & détruit la forêt que le Pere Félibien a placée auprès de Sainte Opportune. Le nom seul de Champeaux, *Campelli,* donné dans le tems même des ravages des Normands, à ce terrein, qui s'étendoit jusqu'à Saint Nicolas-des-champs, devoit faire penser qu'il n'y avoit plus de forêt, si jamais il y en a eu une, & il seroit étonnant qu'on n'en trouvât point quelques vestiges dans les deux livres où Abbon a décrit le siége de Paris par les Normands, dont toutes les attaques se firent de ce côté-là. C'est un détail dans lequel j'entrerai, lorsque je parlerai de ce siége & de l'état où se trouvoient alors les fortifications de Paris; ce détail servira à confirmer ce que j'ai déja dit.

www.ingramcontent.com/pod-product-compliance
Lightning Source LLC
LaVergne TN
LVHW021700080426
835510LV00011B/1494